四次元思考が開く

理

AOIKE KAZUO

幻冬舎 MC

人生は自分探しではない
人生は自分の創造である

バーナード・ショー
（アメリカの劇作家）

はじめに

日本人に創造性がないわけではない。しかし日本の競争力は危機的状況にある。それは概要、次の四つに原因がある。

第一は30数年前から価格競争力がないという理由のもと中国などに技術移管を行い日本国内の製造業は質量ともに激減し、その流れは現在も続いている。同じように農林水産業など一次産業も安易に海外からの輸入品で原材料を賄ってきた。第二はデジタル技術の開発に後れをとりソフトウェア社会実装の遅れは官民全体の生産性低下に陥り、更にデータ技術者の育成にも遅れが目立つ。第三には少子高齢化への対策が中途半端な状態にあり、女性活躍への対策もできず経済成長率向上の足枷になっている。第四には金融緩和政策により円の価値は減価し実質実効為替レートでみた国際的購買力は1990年代に比べると半分以下に低下している。

これらの危機的状況への対策は、政府のマクロ的な施策を改革すると同時に、個人・企業のミクロ的創造性の発揮にかかっている。というのは企業経営者といえども最適正な経営と人材育成を行っているとは限らないからである。経営者にとっても辿ってきた経験値はごく一部に限られており、データ駆動型経営を要する現代においては残念ながら判断を過《あやま》つことが極めて多い。

これに対処するには個々人が高度な知的資産を保有しシステム力を高める以外にはない。というのは「真実」は一部の経営者のなかにあるのではなく、日々現場の状況に精通している社員のなかにあるからである。それを取り出せるかどうかは経営者の手腕にかかっている。経営者に寄りかかりすぎる経営判断はリスクが大きすぎる。

「独創」は単なる思いつきではない。あなたが苦労した先に天から与えられた恵みであり、そして社会に還元できる知恵でもある。それは5年10年と積み重ねられた結実でもある。普遍性に裏打ちされ、さまざまな機能、広範な知見・技術を利用することによって新たな有益な価値を生む斬新さを有している。

重要なことは、自分自身が納得し満足するということが尊く、且つ価値を得る上での大前提になる。従来、世の中は大量生産の均質な商品などの提供が力を発揮したが、これからの世界は、情報技術を活用した一対一の市場が進展し多様性の世の中に入った。「自己満足」を他者にも提供できる環境となっている。

指数関数的な進歩で進んでいる情報社会においては常識を飛び越えた発想が必要とされており個人の発想力向上が必須な状況にある。

米・英国などは論理性に強みがあるが、その理由には、ギリシャ・ローマ文明を取り込んだスコラ学の存在にも要因があり、「大学制度」は教会法が原点なのである。ヨーロッパ中世は、十字軍のときイスラム文明をも取り込んで科学技術の基礎を形付けており、ルネッサンス、宗教改革を経て、連綿と、その資本主義的精神と多様な思想を受け継いできている。国家システムの中にその精神と形態が息づいており、論理性を育む知恵が多く存在しているのである。形だけ真似た日本の明治維新とは根本的に異なっている。

昨今、経営において革新的な発想が必要とされ、「リスキリング」という概念が主張され出してきた。デジタル的な「再教育」が必要だという。それは解決不能に陥っている課題が多く抜本的な対策を要しているからであろう。しかしながらこの手法も手詰まりになる公算が大きい。これから迎える時代の先は単なる「プログラミング教育」では対応できず「何を創り」そして「如何なる有益性」を提供するかに集約されるからである。この命題は時代は変わってもますます強まっていく。つまり「デジタル」のみを中心においた教育では偏狭な教育に陥り多様性ある真の国力増強には結びつかない。未来ある人材への支援と社会システムそのものの改革が求められている。

よく言われるところのシュンペーターのイノベーション「新結合」は既存要素の組

み合わせによる新たな展開を指すが、現在この既存要素が情報技術革新により爆発的に拡大し、新結合できる可能性が大きく拡大していることにある。つまりここで重要なことは、普遍性ある基礎技術の土台は揃っているのであり、イノベーション構築の手法をさまざま駆使できるのであれば、多大な技術革新を生むことができる社会なのである。

優位なスキルを形成するには多様な経験を積む必要があるのだが、これを一企業内で達成することは困難を伴う。十年二十年で次第に競争力のない人材へと劣化してしまう。

また中高年になると65歳の定年を待たずして主要ポストから役職者は外されていくが、業務転換はそれほど簡単なことではなく経営側とてみてはくれない。結局は自分自身で対策をとっていく必要がある。

ブレることなく「一剣を磨く」ならば、10年も経ずして、そこそこのプロにはなれるであろう。若い年代の方がイノベーションに力を発揮し出したことは心強いし、年長者にとっても経験を活かし頭脳的なプレーヤーに成り得るのではないだろうか。

本書は「独創力」と「知性」の「モデル化」による個性の開発をテーマにした。さまざまな課題に挑戦できるよう、四次元的な見方によって個性を深堀りする形で独創的な人生を送れるように記述した。本書は「独創的な人生の戦略論」としてまとめてある。

四次元思考が開く独創の定理　目次

はじめに　3

第1章　キャリアと独創

❶ 独創とは個性の最大化　29
❷ 四次元的思考　34
❸「できる」を現実へ　37

第2章　一次元的手法

⓫「戦略のモデル」をつくる　45
⓬ 言語リテラシーを強化　50
⓭ デジタル化　54
⓮ 数学・科学技術の活用　58
⓯「モデル」をつくることの意味　61
⓰ 能力の開発　64
⓱ 学習力の核心　83

⑱活用力を磨く 96

第3章 二次元的手法

㉑知識探索と吸収 105
㉒拡張・拡大 109
㉓情報活用と接点 122
㉔関係力とスキル 129
㉕複合化・集積 137
㉖可視化による直観 145
㉗用途転換と循環 148
㉘「場」の重要性 149

第4章 三次元的手法

㉛生活システムの改革 155
㉜自己を深化する 159
㉝物質融合・機能融合による革命 167
㉞制御・遠隔操作 170

㉟ 物づくりと素材開発 172
㊱ 人工知能 180
㊲ 生物・自然・遺伝子 187
㊳ 映像・動画・絵画 192

第5章 四次元的手法

㊶ 時間効果と時間戦略 197
㊷ 投資と金融 212
㊸ 職業のキャリアアップ 226
㊹ サービスと対人対応 235
㊺ 活力は食でとる 238
㊻ 実学を活用する 247
㊼ 安全 253
㊽ 文化 264

あとがき 268

参考資料 270

INTRODUCTION

「四次元思考が開く独創力」にようこそ

人は、自身の「境地」を開拓するという本能をもっており、自身の居心地のよさも求めている存在でもある。別な言葉でいえば、この開拓者精神が人間としての「豊かな」ものを形成するのではないだろうか。結果的に、それは陳腐なものを駆逐し新たな生命を吹き込むことにも繋がっていく。

古来「桜梅桃李」という言葉があるように人には、その人にしかない独創性が内包されている。この性質を発揮せずして、人生を楽しめることはできない。してみるならば、やはり人生を楽しむとは「独創性」と深く結びついてくるといえるのである。

日本企業は「良質」なものを作ることには能力を発揮する。家電製品など質にこだわり高機能なものを作り続けてきた。しかし、そのこだわりがあったとしても国際競争力という面において敗れ続けてきた。機能において高機能な特徴があっても市場において独創性がないのである。その結果、最終製品は勝負にならず、一次製品の原材料の製作にだけ甘んじる羽目に陥ってしまったのである。

何も収益性のないものを延々と続けるべきだとは言ってない。長期の視点に立ってその商品の良さを育てていく粘り強い戦略が必要だと思う。個人にとっても、過激な改革にのめり込むのではなく平凡ではあっても一つ一つ自己を作っていく地道さが必要ではないだろうか。

現代はあまりにも複雑な要因が折り重なっている社会になっており、決して一つの考え方、方向性では対処しきれない時代になっている。多律的に、そして同時的にさまざまなことに対応していかなければならない時代になっており、そのためにも多重的な四次元思考な発想と自己の創造性を「見える化」することが必要となっている。

想像力は、知識より
もっと大切である
アルベルト・アインシュタイン

「あなたは何ができる人ですか」と突然問われたら何と答えるでしょう

「お菓子を製造しております」「事務をしております」「写真家です」と返答があるかもしれません。

当然、何も問題はありません。

しかし、これが企業における人事担当の採用面接であったら、どうなんであろう。

これだけでは引き下がりません。「どのようなお菓子ですか」とか、「和菓子ですか、それともスイーツのような洋菓子ですか」や「何年位の経験ですか」とか、「PCソフトの一番得意とするアプリは何ですか」「会計ソフトの経験は」などと事細かに聞いてくるでしょう。

採用して何もできなければお互い困ってしまう。

ここで質問内容を掘り下げてみる。

当然、お菓子の製造担当として面接通知を出しているのであるから、お菓子の製作技能は一般的なスキルとしての前提条件が暗黙のうちにある。その上で何か特徴的な技能をもっているのかと探っている。

「砂糖の種類が甘さに影響する度合いを習得しました」とか「乳製品が健康に与える良し悪しと味との関連性を研究してきました」とか「品評会に入選しました」とかの実績を提示できればかなりのPRにはなるであろう。

つまり、ここでは一般的なスキルと特殊的なスキルとして何かあるのかと聞き出している。日本人はあまり自分を殊更にPRすることを避けるが、これからの時代、むしろ殊更にPRや、表現を行っていく必要がある。

重要と思われることは、一般的つまり普遍性なものと共に、特殊的なスキル、または独創的なスキルのなかで役立つスキルはないかを問うていることが増えている。

もっと言えば、企業は今、従来の壁を打ち破って新たな可能性を構築していかなければ存続が危ぶまれている状況にある。「企業は人」、人的資源としての従業員のスキルを最重視していく時期にきている。であるから、変な遠慮はむしろ無駄になってしまう。

昨今、ジョブ型の働き方が主流になりつつあるが、生涯雇用云々よりも先に働き方の質を上げることが優先的課題になっている事情がある。私達は今後このスキルの再構築と活用を今まで以上に考えていく時期にあるのだ。

結局「何ができるか」とミクロに少しずつ作る以外にないのである。

人生「何ができるか」で変わってくる

なぜ、独創が重要なのだろうか

こういった経験は皆さんお持ちではないだろうか。私が小学生のとき、算数の先生が掛け算の意味を非常にわかりやすく「言葉」で教えてくれた。私は非常に納得し今でもその時の光景を鮮明に覚えている。これを契機に算数が得意科目になったのはいうまでもない。

もし、あなたが後輩から悩みごとの相談を受けたとしよう。ありきたりの返事しかできなかったら信頼を得ることができるであろうか。しかし、もしあなたが自身の体験を通して「私はこうした」と例を引いて話したら後輩は納得と共に、あなたに対し頼もしさと共に一目置く存在としてみていくのではないだろうか。

しかし、これらのことは、その時、咄嗟にできることではない。何年も何十年も自身の経験を積み重ね、磨き上げてきた自身の貴重なスキルなのであり、その人が独自に保有している力量、つまり独創力なのである。

現実の厳しさ

社員という雇用形態ではなく非正規雇用で勤務をした場合、月々手取り20はおろか15〜16万円の実質収入の方は多くおられる。一人所帯で住宅費、光熱費を引いたら10万円以下で生活していかなければならない。これでは老後の生活に大きな不安を覚えるであろう。

厚生労働省の「令和2年厚生年金保険・国民年金事業の概況」によると、国民年金平均受取額は月額56、358円、厚生年金平均手取額は月額146、145円である。これは平均額であるので中央値は更に下がるであろう。厳しい老後が待ち受けている。

かといって皆さん手をこまねいているわけではない。専門職を目指したり、日々の仕事のレベルアップに努力を重ねている。しかし一人所帯では現実は貯金すら容易ではない。母子家庭では更に厳しい現実がある。

こういった場合、下手な悪あがきは避けなければならない。一歩一歩、自身の価値を高めていく行動が、運を開いていくし、周りの人も認めていくものだ。

方法はさまざまある。早く方向を決めて準備していくことが肝要である。専門的な技能をもった職を目指していくことが有効になる場合が多い。

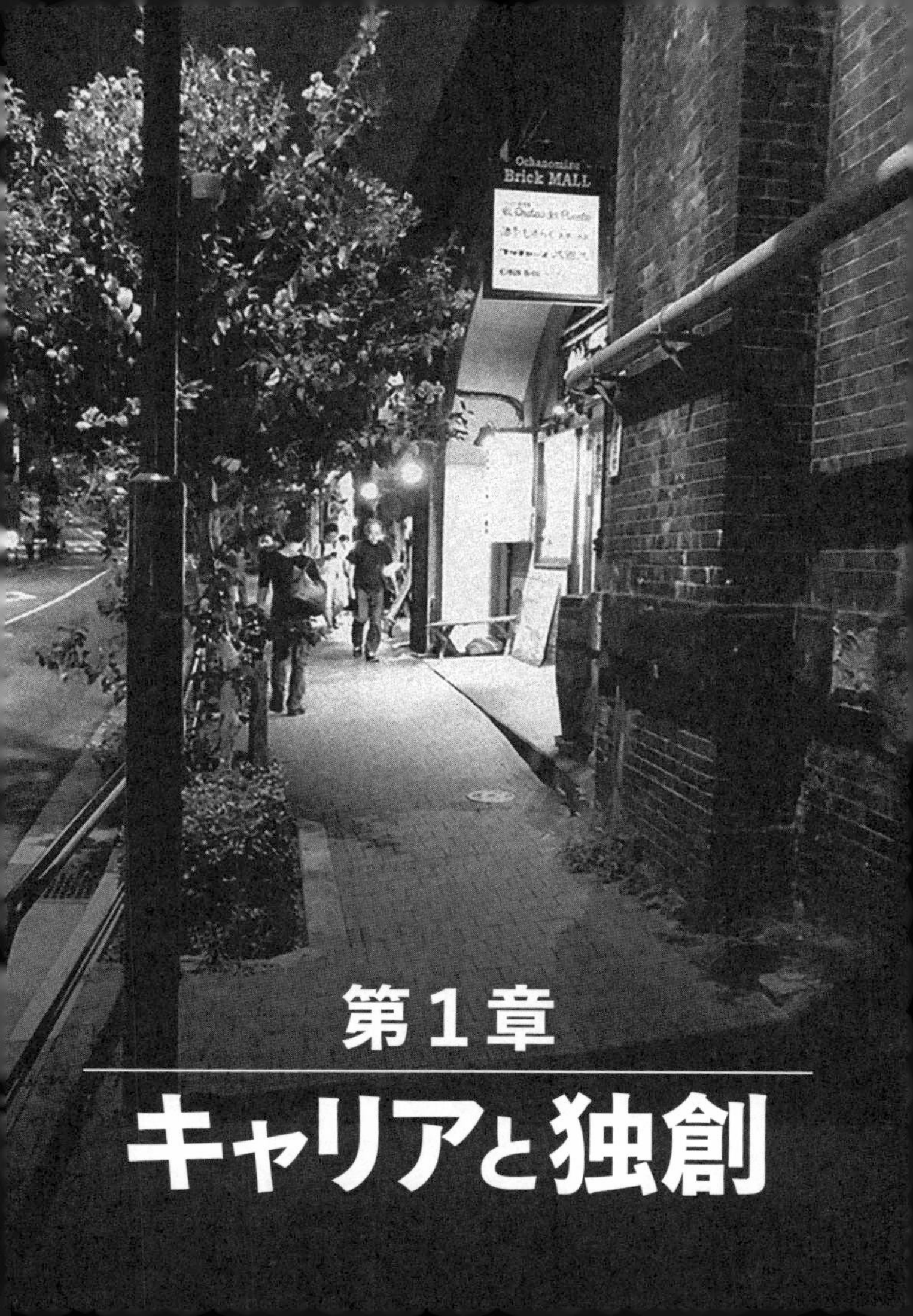

第1章
キャリアと独創

独創の必要性を国、経済レベルから考える

普通化した、また普及化した技術は、経済成長に寄与していくことは当然あるにしても、経済の活性化に寄与する度合いが低下していく。特殊な先進的技術が成長に寄与していくのは、少し時間がかかるにしても、その活性度は格段に高くなる。

そのため、国家レベルの成長は、経済成長政策で決まり、企業レベルの成長は、経営戦略で決まる。同じように個人レベルの成長も、新たな活性化された技能の発揮で決まっていく。

個人レベルの技能は、決して同一のものではない。個々人は「独自的な特徴」をもっているため「独自の創造性」つまり「独創」と名付けるべきなのである。

一人ひとり違いをもつから尊く、集合すれば「集合知」として大きな力となっていく。

マクロ経済からのアプローチ

▼経済価値を決める人的成長

経済成長を決定づける要因はソロー・スワンモデルが基本的なモデルとして重視されているが、現在は、更に人的な価値の成長、内生的成長が重要視されるようになっている。

しかしながら、前提となる資本装備率は一人当たり平均1812万円であり、中小企業の資本装備率は一人当たり平均631万円に止まっている。

中小企業は人への負担が多くなっているにもかかわらず人的投資もなされずパフォーマンスを上げられずいる。この他、無形資産として、ソフトウェア、データベースなどの情報化資産も含まれるが、ここへの投資が望まれるにもかかわらず、新たなソフトウェアへの投資額は大企業の9分の1、売上高に占める研究開発費の比率は6分の1に止まっている。九十数%を中小企業が占める日本が経済成長できていないのはこの辺に原因があるのであろう。

この意味においても、国、企業、個人それぞれにおいて人的投資を進めると同時に、独創的な知的創造を開発していく必要があるといえる。

次頁の図で示したように内生的成長を発揮すると逓減せず、直線的に増加していく。発明や技術進歩といった経済にとって「外生的」である要因によって、経済の長期的な成長率が決まるとしたソロー・スワンモデルから内生的な経済成長を加味していく必要があるといえる。

個人にとっても重要な示唆がここにある。

所得を上げるには、単に仕事を遂行していくだけではなく、**学習し、仕事の内容の質を上げていくことが極めて重要なことになる。**

ソロー・スワンモデル

ロバート・ソロー、トレイヴァー・スワンが提唱した成長モデル

経済成長の要因を資本、労働、技術進歩の各要因に分解し、理論化した。このモデルは、技術進歩と貯蓄率が外生的に与えられていることで、これを改善するために内生的経済成長理論などが唱えられている

内生的経済成長理論

アメリカの経済学者ポール・ローマーが経済理論モデルとして定式化したもの。経済成長の源泉を経済活動から生まれる「学習効果」つまり「内生的な経済成長の理論」に求める理論。

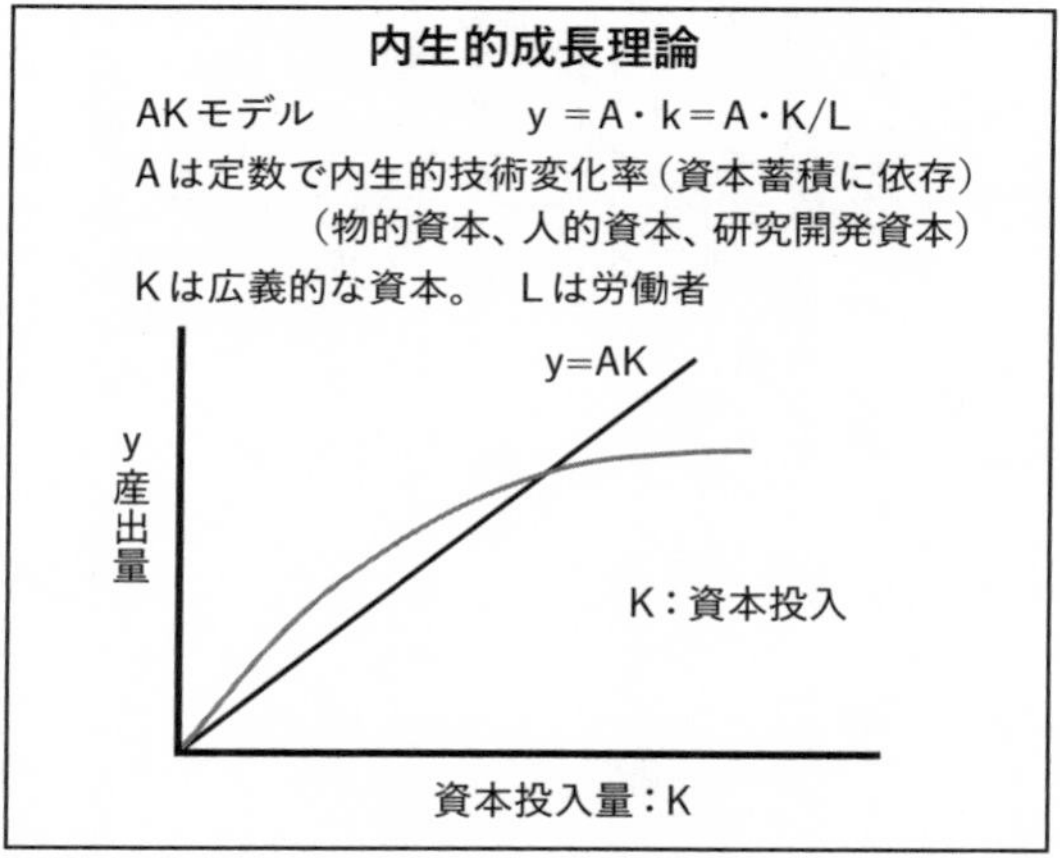
内生的成長理論
AKモデル　y＝A・k＝A・K/L
Aは定数で内生的技術変化率（資本蓄積に依存）
（物的資本、人的資本、研究開発資本）
Kは広義的な資本。　Lは労働者
y=AK
y
産出量
K：資本投入
資本投入量：K

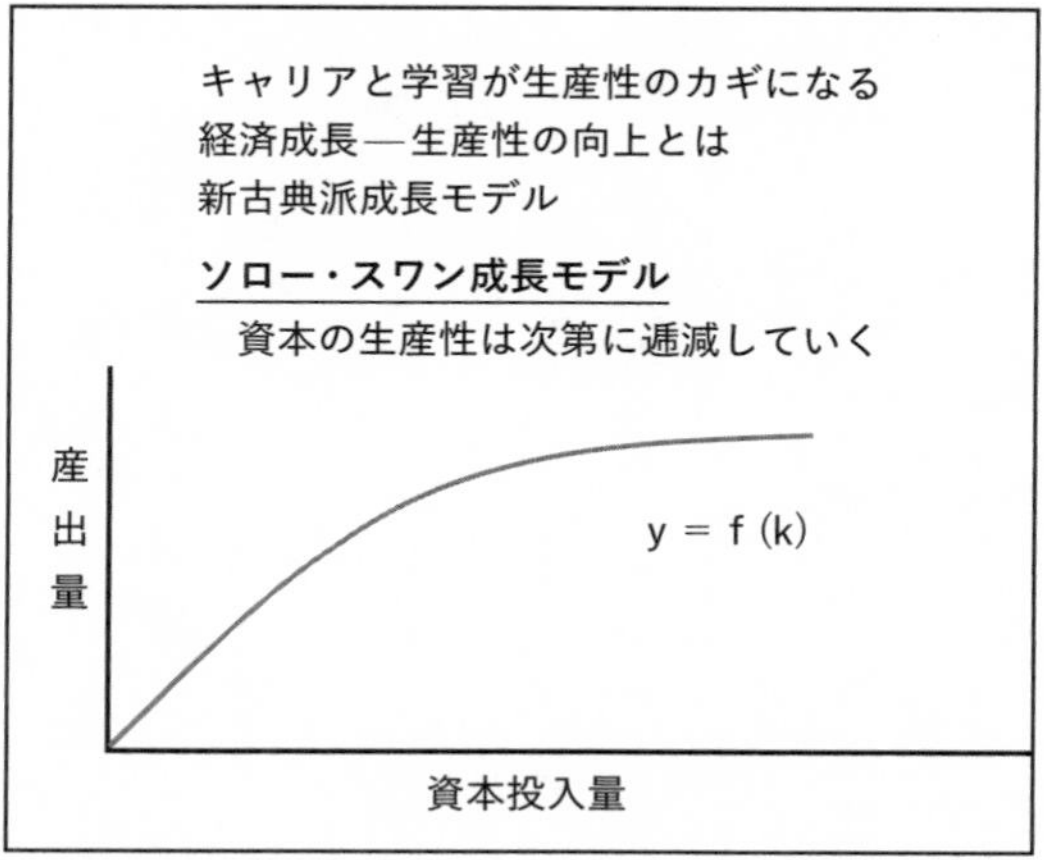
キャリアと学習が生産性のカギになる
経済成長—生産性の向上とは
新古典派成長モデル
ソロー・スワン成長モデル
資本の生産性は次第に逓減していく
産出量
y ＝ f (k)
資本投入量

著者作成

新たな価値・サービスが経済を主導

経済学者、吉川洋氏はミクロレベルのモノ・サービスの構成比の変化と経済成長率の関係を調べている。１９６０年から１９８０年頃の高度成長期の頃は新しいモノやサービスが次々と登場してきたため、『構成比の変化』が2～3％と高く推移した。

しかし、成長率の低下とともに構成比の変化は小さくなりました。インパクトのある新しいモノ・サービスの創出やプロダクトイノベーションに成功しなかったことが経済停滞の原因だと指摘している。[1]

新しく生まれるモノ・サービスは、姿を消すモノ・サービスより付加価値が高く、逆に新しいモノ・サービスが生まれなければ、一人当たりの所得の伸びはゼロ、すなわち経済成長は人口の増加率に等しい水準にまで減速していく。特に日本は情報通信技術革新に立ち遅れていることで成長が減速しており、ＤＸなど新たなモノ・サービスを創出するシステム的な改革が必要とされている。

DX（デジタルトランスフォーメーション）

データとデジタル技術を活用して、顧客や社会のニーズを基に、製品やサービス、ビジネスモデルを変革し、業務そのものや、組織、プロセス、企業文化・風土の改革、競争上の優位性を確立すること

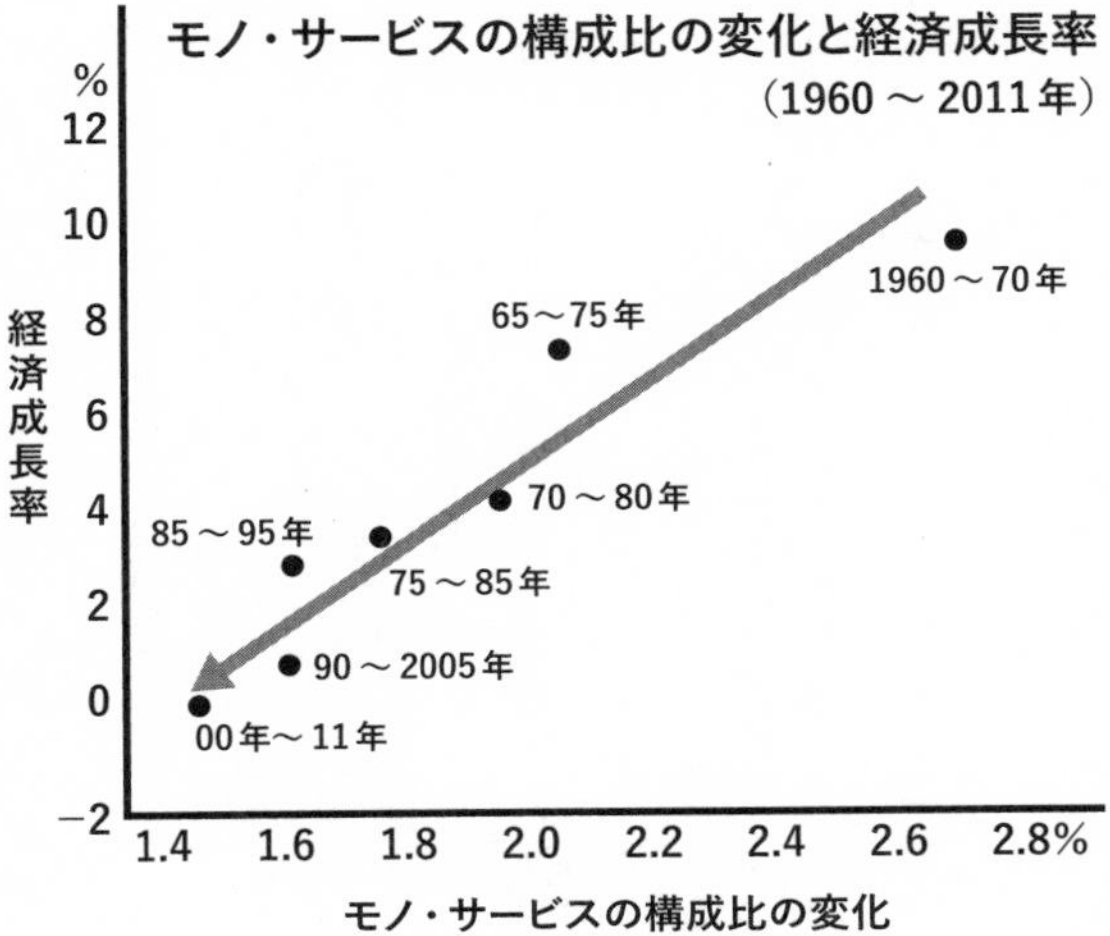

（参考）日本経済新聞2019年4月1日
吉川洋・安藤浩一「人口減少、産業構造の変化と経済成長」

国富とは

個人の成長も一国の経済成長もその原理は同じである。
経済成長を推進するものは何か。
経済学者の言葉を引用してみよう。

真の国富とは、マネーそれ自体ではなく、
その国の「住民の技術と勤勉さ、天然資源とこれらを結合させる設備にある。」

アバ・ラーナー（Abba Lerner, 1903年－1982年）
イギリスで教育を受け、1939年からはアメリカ合衆国に移住。
生涯を通してケインズ経済学を一貫する形で活動[2]

「富を生み出す力」は、富そのものよりも無限に重要である。

フリードリッヒ・リスト（Friedrich List, 1789年－1846年）
ドイツ人経済学者。
ナショナルイノベーションシステムなどいくつかの理論を発展させた[3]

▼成長産業を生めない日本企業

日本企業の産業破綻の象徴としてあるのは、なんといっても「東芝」であろう。日本のインフラ整備と家電産業の中心であった名門企業である。売上高の半分以上は電力会社や自治体、防衛関連、サービスであり、原発輸出であった。米原子力ウエスチングハウス（WH）社関連で1兆円の減損処理を強いられた。現在もその影を引きずっており株式市場は未上場の状態にある。国策会社的な面はあるにしても経営統治不全が多く指摘されている。

ＤＲＡＭ全盛時代は5割強のシェアを握っていた半導体産業ではあったが、基本特許を米国勢に押さえられ韓国、台湾との価格競争に敗れ次々と撤退に追い込まれた。東芝が自ら開発したＮＡＮＤ型フラッシュメモリーであったが韓国サムスン電子に特許を供与したため、逆にサムスンの巨額投資にあい、東芝はひさしを貸して母屋を取られた状態となった。その他のメモリー、リチウムイオン電池、青色ＬＥＤなど同じ轍《てつ》を踏んでいる。これに輪をかけたのが「選択と集中」である。集中といっても市場優位性に疑問のある商品に選択を行っても利益を創出できないでいるのである。

ある面で東芝問題は日本企業全体の問題なのである。

「お金持ち」の定義は変わってくる

以上に述べたマクロ経済からのアプローチは、一国だけの概念ではない。個々人がいくら金融資産を保有しているかが、国民全体の豊かさとしての指標とするには判断を誤ることになる。

国民一人ひとりが優れた知識と経験を保持していたとしても、**それを活かす施策が欠けていたなら、国民全体の豊かさとはなり得ない**。更にいえば、一人ひとりの「お金持ち」の定義は金融資産のみではなく、**キャリアを活かす活用力を含めた「動的な無形資産」**となるであろう。そういう時代が来つつある。

来たる時代は中高年者が活躍できずして日本の飛躍はないと断言できる。

十年後「55歳になりました」

さてあなたは何をしますか？

町のスーパーには商品が溢れかえっている。

安い中国産品も相変わらず流入している。社会保障充実のため消費税は更に上がり、年金は縮小ぎみである。
私の会社といっても特段、成長しているわけではない。
それのみでなく、役職定年になり、上司に35歳の若手が就いた。
さて、あなたはどういう選択をすべきなのでしょう。
90歳までに35年間もあります。

❶独創とは個性の最大化

「自己のコンセプト」を確立すること

「優秀さ」ではなく「個性」の時代になる。
道は二つある。
①従順に組織が求めるキャリアを求める

②十年・二十年先を見据え自己の能力形成と経験度向上にフォーカスする
この方針の違いは年と共に大きな差異として現れてくる。

「独自な技能による創造力」、別な言葉でいえば「個性的に尖っていること」を有益なものに変換する努力を持続していくことは個性の形成に重要な要件なのである。

つまり、大いに尖っていくべきなのである。

「優秀さ」や定型的な「誰でもできるもの」は「機械」がやる時代になります。

「個性」のみが残るのです。

創造性については、「与える立場」と「受ける立場」で要件が異なってくる。

「幸せ」の条件（労働する供給側の視点）

問１．働く人が最も大切にしたいものとは
①それは、「楽しく熱中できる」こと
やっていて苦痛なもの、ストレスを感じるものは幸せには結びつきません。

自分自身も人も働くこと自体に楽しさとやりがいを求めているのです。

問2．長く継続できますか

②好奇心をもって挑戦でき人の役に立つこと

新たなものを創造する、成長・技術進歩の根底は「好奇心」にある。

問3．健康的ですか

③健康的な作業であること

顧客との共同作業で楽しめたり、ストレッチ、スキンケア、アロマなどで共通目的をもって仕事をする。また労働環境・作業環境も健康、安全性が大切である。

有益性の要件を考えてみる（需要側の消費者の視点）

問4．それは現在、既に知られている価値ではないのか？

④新規性がある

新しい発想と考え方が内包され社会に新しい価値を提供できる。

• 新たな技術、複合された技術など新たなイノベーション性をもつこと問5．ほかの方法で誰かが行っているのではないか？

⑤独自性をもつ

新規性と独自性とは似ているようで違う。

例えば、フィラメントの電球をつくったとしよう。これはもう何百年も前にエジソンが発明した技術なので新規性はない。しかし、このフィラメントが発光しても発熱しないものなら独自性あるフィラメントの技術となる。更に、電力消費が少ないという意味で次の有益な要件にも繫がっていく。

- 技術と知見を活用し創造的な価値を創出するもの
- 新たな創造により生産性の向上、便益の向上などに資すること

問6．社会的に有益性がなければ存在価値がないのでは

⑥社会的価値をもつ

発熱しない電球のフィラメント技術が、新規性と独自性がある技術であったとしても、価格が猛烈に高かったり、製作が難しかったりしたら有益的な社会的価値があるとはいえないであろう。

特徴的な価値をもつと同時に、その価値が広く社会に有益性をもたらされること。

- 有益性、つまり社会が求めている有用なものであり
- 経済価値………社会にとっての経済的価値を与える
- 文化的価値……文芸・工芸・音楽など芸術的価値を創出する　などである。

以上、六つの要件を挙げたが、当然にすべてを満足することは困難である。最初は有益的なものしかないかもしれないが、次第に独自の領域を確保し、独自性ある技術を確立していけばよい。少しずつ「自分自身」の優位性を形成していくのである。

特に有益性は不便なもの、課題に対する回答であり人々が求めるものであるからだ。

❷四次元的思考

人生、仕事をしたり、さまざま事柄に忙殺されていたりすると、現在、自分は何をしているのか、何処に向かおうとしているのかと戸惑うことがあります。更には、今このことには意味のあることなのかとも思い悩んでしまうことがあるでしょう。その時、自分自身の考えを整理し、行動の意味を確認する必要があります。

エマニュエル・カントは、統合的な見方で真理を見ていこうとする思考を提唱しました。その意味において、ここに四次元的に世界を見ていく方法を提唱します。真っすぐな基盤的一次元的発想に加え、面的に幅広く展開する二次元発想、奥深さを追求した三次元発想、更に時間要素を加えた四次元的思考、つまり法則性をもった手法により、自身を過たない方向に導いてください。きっと有益な解決方法を見出すことができるでしょう。

私たちのいかなる認識も経験に先立つことはなく、すべての認識は経験とともに始まる。だが、認識のすべてが経験から始まるとしても、いっさいの認識が経験から生ずるわけではないのである。

カント『純粋理性批判』「序論」より[4]

「独創」攻略のための四次元機能

「こうすべきだ」と思って行ったことが数年後思い返してみると、「こういった方法があったのでは」とか「少し間違っていた」と反芻することがないだろうか。人生は「選択」の連続であるにしても、道を選ぶことは困難を伴う。

単純な一直線的な手法だけでは、複雑化した現代を乗り切ることは不可能である。経験不足もあり、知識不足もある。

戦略、知見、これらを縦横に使っていくことが大切であり、単発的ではなく、時間軸を見ながら優位性を判断し、重層的に用いていくことが必要なのである。

このため必要なものを取捨選択できるため四次元的に機能の特質を列記しました。これが本書の大きな特徴である。

1．機能・能力を直線的に伸長していくための**一次元的手法**

これは基盤的な機能ともいえます

2. 伸ばした能力に連携、複合化など平面的な拡大をする**二次元的手法**

これは機能の面的拡大を図ったものである

3. 更に構造開発、融合などにより立体的重層化を行う**三次元的手法**

これは融合・深化・熟成を行った機能である

4. 時間性、文化性、生活的概念を取入れた**四次元的手法**

これは時間的な効果、生活、文化的な要素を取り入れたものである

言葉を代えていえば生命的・人間的視点の方式である

独創は決して一つの手法だけでは目的を完遂できない。決してたくさんの機能を用いることは必要ないのだが、必要な機能を選べるよう可能な限り多くの機能を羅列してある。これらを活用し複合的に利用することが重要である。

企業においても個人にとっても原則的に手法は同じといってよい。

事例を紹介しながら記述していく。

❸「できる」を現実へ

独創へのオペレーション――変革は想像力から始まる

①可能性の探索　Search of possibility

▼新分野への好奇心をもつ――「できる」のに知らないだけ

・既存の方法・設定をすべて否定・清算してみよう。
その上で最後に残った自身の主体性・可能性を見出します。

例えば、いつもと違うことを間違ってやってしまったという経験は誰しもあることではないだろうか。しかし、それが意外とよいことだと気が付いたことはないだろうか。ですから正解は分からないのである。一見正しいと思うことでも疑ってみることが必要であるのだ。
・今までの経験・過去を「棚卸し」してみることも有効である。
意外と気が付かなかった、埋もれていたスキルに気が付くことがある。

「想像力は、知識よりもっと大切である」
アルベルト・アインシュタイン

②コアの設定とモデル化　Core and Model

▼自己評価・客観化を行い、独創的コアを明確化する

さまざま試行錯誤して最後に残った「主体性」があるはずである。最も好きなものかもしれないし、熟練したスキルかもしれない。これなくして自分の人生はないというものかもしれません。つまりコンセプトを固めることである。

▼「モデル化」

軸が固まった後に、それをデザイン化する必要がある。モデル化に踏み込むことにより、骨格だけでなく肉付けが成される。つまり目標だけでは、やりたいことだけに終わってしまうからだ。長い人生において耐えられるものにするには、いかなるところに特徴を見出すか、独創性を出していくのか。しっかりとデザインすることが肝心となる。

③四次元手法で手法の選択　Fourth dimension

四次元の手法は全部で32ある。当然すべてを行うことは困難である。目的に対しいかなる手法を用いていくか、有効であるかを検討、選択し、一つずつミクロ的に実行していくことがよい。その時、状況によって選択肢は異なり、そして選ぶ手法は一つではなく複数存在し、且つ複合化されることもあり得る。

④開発「異質の海」へ　Development

▼**革新へと導くアイデアは学習によって導かれる**

- まず目標に対して如何なる手法を用いていくかという学習も併せて必要である。さまざまな情報の収集、また四次元的手法を検討し実施工程に乗せる。
- 単独・特殊な技術であったとしても、それを補強したり代替え技術を用いたりして新たな可能性を追求することも必要である。また、新技術・知見を取り入れ材料の検討、手法の吟味、構造の検討を行う。
- これらの開発行為は、「学習」と「行動」と「検証」の作業であり、最適なものを求め、繰り返す作業になる。

⑤独創とモデル化の形成　Originality

学習と実施によって一つの基盤ができ上がる。この経験知を蓄積しましょう。有効な事例を豊富にもつと同時に失敗経験も経験知として重要であり、ノウハウとなる。オペレーションを遂行しながら基盤の形成を図りバージョンアップを図っていく。これによって②のモデル化の深化が更に図れる。

以上の流れは事業のような大きな流れだけではなく個々の日常の小さな業務をモデル化して「**ミクロの行動**」として実行し、ミクロの独創として成果を上げていく流れである。

このミクロの行動と成果を繰り返していくことが大切なのである。

以上を「ＳＣＦＤＯモデル」として次頁に流れを図示した。

更に実例として「体質の改善」をテーマにしたモデル化した図表を示した。

SCFDOモデル

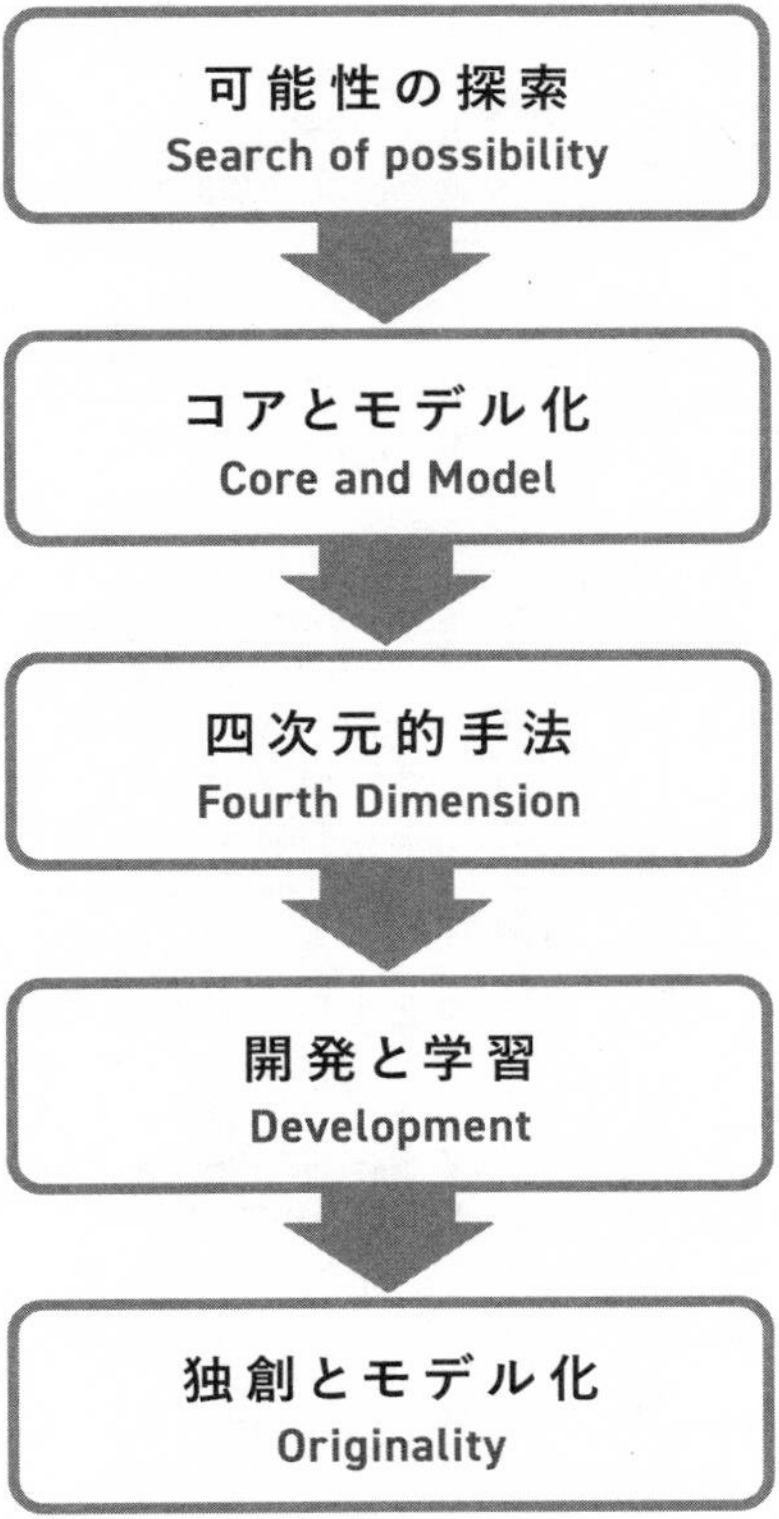

著者作成

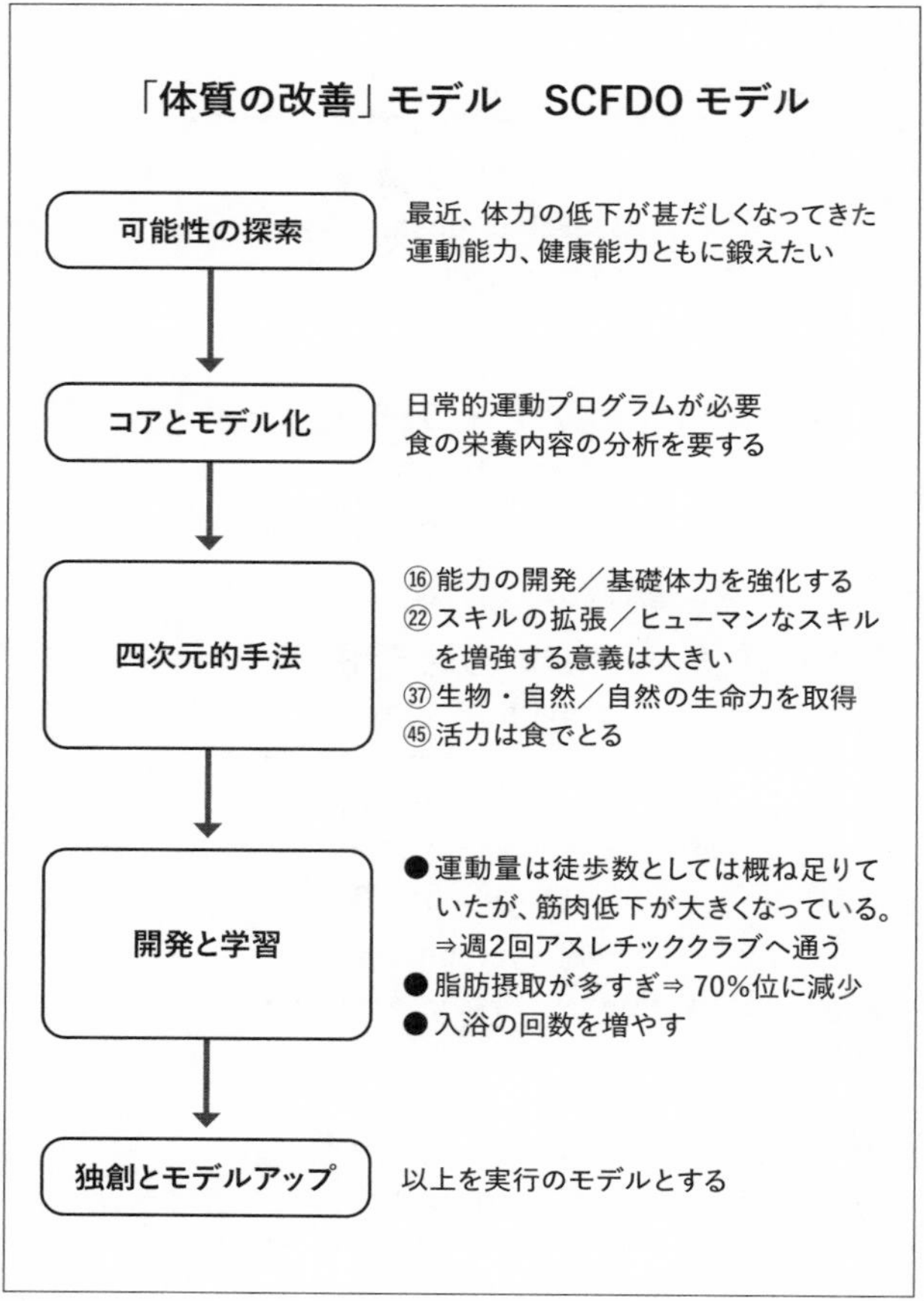
「体質の改善」モデル　SCFDO モデル
可能性の探索
最近、体力の低下が甚だしくなってきた
運動能力、健康能力ともに鍛えたい
コアとモデル化
日常的運動プログラムが必要
食の栄養内容の分析を要する
四次元的手法
⑯能力の開発／基礎体力を強化する
㉒スキルの拡張／ヒューマンなスキルを増強する意義は大きい
㊲生物・自然／自然の生命力を取得
㊺活力は食でとる
開発と学習
●運動量は徒歩数としては概ね足りていたが、筋肉低下が大きくなっている。⇒週2回アスレチッククラブへ通う
●脂肪摂取が多すぎ⇒ 70%位に減少
●入浴の回数を増やす
独創とモデルアップ
以上を実行のモデルとする

著者作成

シャンゼリゼ通り（エッフェル塔より）

第2章 一次元的手法

一次元的手法——基盤的伸長

INTRODUCTION

一次元は「**自分の強み——能力**」を**伸ばすこと**がテーマである。ここでは能力向上を図るため基本的な方向性、手法を定め、効率的な戦略を考える。

崩れない自己を構築する上において自身の「軸」を定めることが重要であることを述べました。

あなたが築くべき能力は如何なるものなのでしょうか。

⑪「戦略のモデル」をつくる

自己を創りあげる確実な方法とは

優れた戦略とは如何なるものなのであろうか。
創造性を目指す上で、目標は最も重要となる。
最適ではないかもしれない。しかし仮説を決めて行動し、修正を図ればよい。
それが経験であり、経験学習となる。

(1) 課題の明確化

人生の目標に対し課題が出てくる。なりたい自分は何なのか、今ある「組織の論理」に縛られることはあるだろう。

「可能性が分からないから将来も描けない」と云われるかもしれない。しかし「思い描く」のである。これなくして自己を作り得ない。

⑵「自己の軸」中核的コアを明確にする

自己評価・客観化を行い、独創コアを明確化する

自分のスキル、キャリアが社会価値評価に耐えるか、更に独自性・新規性をもつか客観的に評価してみよう。

自身の過去の履歴、業績を振り返ってみることも有益である。

このコアは終始一貫変わらないシンプルで単純なものでよく、調理人とか建築士とか、どのように日本料理を極めるとか、アートを取り入れた建築を目指すとか具体性をもつことが必要である。

明確化するため「モデル」を作成することが有効である。

「偉人は目的をもつ。そうでない人がもつのは望みである」

（ワシントン・アーヴィング　アメリカの作家）

⑶「第一人者」としての形成を目指す

スキルはさまざまであり、能力も種々ある。

しかし、最終的には、そのスキルで生活していけるかどうかである。言葉を替えていえば、社会的に認知されるかどうかなのである。いくらスキル、能力を磨けたとしても有益なスキルとして結果を出せるところまで高めなければ、それは意味が薄れる。例えば、資格を取ったからといって収入には結びつかない。それは単に知識だからである。

キャリアとして形成されるには、私の経験では10年という経験が必要である。業務としてのテクニカルなスキル、商品知識、業界事情、製造、販売体制、そして人脈など一通り経験し、更にさまざまな「失敗という経験」も必要知識なのである。これらの知見を得たときに始めて、この仕事に対する確固たる自己の領域、つまり「自信」というものが形成される。この領域に達して初めてキャリアとして認知されるであろう。

でも、自分にとって楽しいことなら、長い学習も苦とはならない。その道の「第一人者」を目指すべきであろう。

(4) 経験学習理論を取り入れる

社会人の膨大な仕事経験は成長するための良質な教材になる。経験を学ぶ習慣を身に付けることは、キャリアを積む上において重要な要素となる。

デービッド・コルブ(David Allen Kolb アメリカの組織行動学者)によって提唱された「経験学習理論」は、職業人において影響力のある理論と言われており、「経験学習モデル」を提示している。コルブのモデルは、「具体的経験」「内省的観察」「抽象的概念化」「積極的実験」の四つのステップから構成されている。

具体的体験は概要推測できるが、重要なのは内省的観察と抽象的概念化であろう。難しい理論は差し置いても、要するに経験したことを客観的にしっかりと学習しておくことである。この作業は言うほど簡単ではない。日々の仕事に追われていると当たり前のこととして省略してしまうからだ。

その意味において私は、「日記」をつけることをお勧めする。コルブのこの作業を概略的に実行できる。一日の仕事が終わった帰りの電車のなかでもよいであろう。失敗体験もあるであろうが、むしろ成功体験のほうが大切である。「今日はここまでできた」「この問題は何々で解決できた」とか「誰々さんの情報は貴重であった」とか箇条書きでよい。

そして、月に一回位、自分の業務を「モデル化」する。

それは、会社の目標とか管理目標とかは全く関係ない、自分独自のスタイルがよい。

例えばある商品の販売担当だったとする

商品の機能　新たな機能開発

商品の製造過程、材料メーカの詳細データ

商品の物理的機能

など自分でテーマを決めて作っていくのがよい。つまり自分独自のデータベースだ。

これらを整理していくと意外なアイデアや挑戦目標が見えてくることがある。

これらを行っていくと確実に自分の中に自信が形成されていくであろう。

(5) 究極は個性しかない——重要視される個性

事例で考えてみましょう。

近くに料理店が2店あったとする。1店は規定のメニューで調理してくれる店です。

片や一方の店は、減塩とか、野菜のトッピングがさまざま選択できるとか、薬膳的な食材も注文できるなどと細かい要請に応じてくれる店であったとする。

あなたはどちらの店を選択するでしょう。どちらでも構わない、安い方がよいという選択肢もあるかもしれませんね。しかし健康主義を考えるならばやはり後者を選択するでしょう。これからの時代、画一的な商品から、個性を考えた商品を提供しないと消費者からは見向きもされないようになる。見えるアクセサリーや衣服は個性化が進んでいるが、見えない体の中に取り入れる食物は、これから個人向けの個性を考えた手法が取り入れられてくるのではないだろうか。更には、住空間、商業施設、オフィスなど、いろいろなところで個性の発揮が競われてくるであろう。

⓬言語リテラシーを強化

▼私には信頼性があるのだろうか

何も人にむやみに賛同するだけが信頼性ではありません。自分の主義・考えを知ってもらうことも大切であり、それは言語が重要な役割を果たす。信頼性そのものではないにしても重要な役割を占める。

言語は話す、聞く、書く、読む、の表現手法があるが、極端なことをいえば人間社会は言語で支配されているといってもよい。

意思疎通、思考、仕事、学習、すべてにわたって言語が中心的に関わってくる。

言語は、人間の能力に深く関係し、人間性そのものの発現といってもよい。それ故、言語リテラシーを磨くことは信頼を築く上においても極めて重要なのである。

▼対話

話すことと聞くという要素をもつ対話が重要であることは、ここで改めて述べるまでもない。「発声」は人間能力の活性にも深く関係している。

言葉は常日頃考えていることが必ず口に出るものである。そのため、自分の考えは整理しておくことが大切である。強調したいからといって、所構わず発言しても反発をされることもあり、効果的になるためには、発する場所、時を考えることは重要である。

▼質問と交渉

会話のなかでいきなり質問を浴びせる人がいる。仲のよい人なら分かるがそうでないなら慎重にした方がよい。事情を話してから入るとか、遠回しに入って次第にその話に誘導した方がよい。

人との交渉ごとがある場合、ポイントがいくつかある。

一つは、１００％かゼロではなく、譲歩できる場合はお互い部分的に譲歩する。

二つには、そのことがお互いの利益になることを主張する。

三つには、安易に結論を出さず別な方法がないか考える。

四つには、笑顔で柔らかく接し、好意と感情がうまく伝わっていくようにする。

交渉とはあくまでも相手あってのことなのであり、交渉相手の背景をよく知っておくことが基本的な要件である。

▼語学

言語リテラシーにおいて語学、特に日本語、英語は重要であろう。

英語など語学が重要視されているがなぜなのだろうか。

例えば「オバマ大統領第二期就任演説」文を読んでみると日本語で読んでみた場合

それなりに内容は解かる。しかし、その後に英文で同じ文面を読むと全く違う印象で伝わってくる。それは、日本語では表面に顕れない米国の思想的な背景や文化がダイレクトに伝わってくるからである。米国はもちろんキリスト教国なのだが、日本文では、そのコア的なものは伝わってはこない。原文を読む意義はそこにある。思想性、国民文化の底流に流れている考え方はその国で言語を読み解く以外にないのである。会話の役割は、意思疎通にあるが、ビジネス上、英語が使われることが多くなってきた。

英語能力の向上は、確かに集中的な学習も重要ではあるが、生涯にわたった継続した学習が必要であろう。言語は簡単ではない。何千年にも亘ったその人たちの社会・文化が背景にある。5年、10年で理解が及ぶものではないのであって、ある意味、その国の社会・文化の歴史を学ぶことでもある。語学を学ぶことは、異世界の文化、考え方を学ぶことであり、視界が開いていくものである。意外と楽しいものでもあるのだ。

⑬デジタル化

スピードと効率化を徹底する

デジタル化は多方面において現在もっとも革新的な技術になっている。デジタル化とは要するに事象を分解し、０と１に単純化し計算処理をし易くした技術であり、これは半導体の発展なくしては不可能であった。

デジタル技術は事務処理のみではなく、例えば、文化財の日本画をデジタルカメラとプロジェクターにより高精細にデジタル化したり、三次元ＣＧにより立体的な映像の鑑賞が可能になっている。

また油絵や和紙などの表面を紫外線で固まるインクを重ね、実物と同じように再現する技術も現れている。

金融の世界においても、デジタル通貨が貨幣に代わって現実のものになろうとして

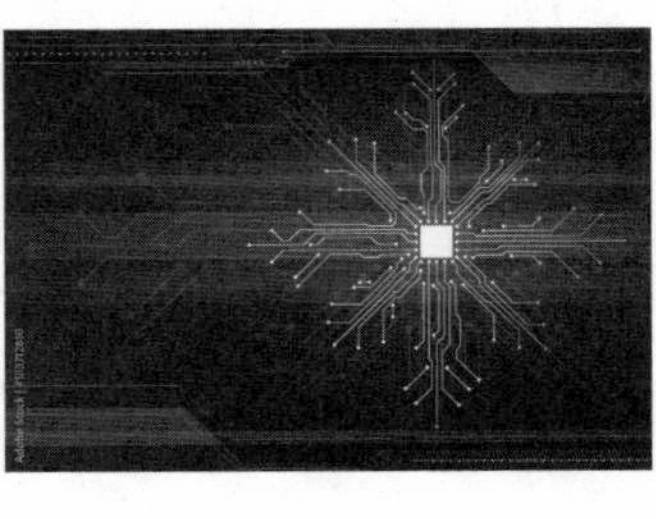

おり、まさに社会全体が有益な公共財としてのツールとなってきつつある。

内視鏡検査の精度は100%医師の技術に左右されるという。腸内のわずかな異常から、ポリープか腫瘍か、がん細胞かを判断するのは経験による部分が大きい。しかし、「AI解析システム」を使うと大腸がんを早期発見でき治療は内視鏡による切除ですむという。カプセル内内視鏡だと患者一人で5万〜6万枚の画像を識別しなくてはならない。AIがこの確認作業をすると5分で終わるという。AIと内視鏡検査は相性がよいのである。[5]

▼デジタルリテラシーへの対応は2つある

一つは、プログラミング技術など「データサイエンティスト」としての道である。これはAIの構築など高度専門性を有する。

二つにはソフトウェアの利用技術である。現実のDXを中心とした生産性向上にはソフトウェアの利用が欠かせない。このソフトウェアを現実の業務に落とし込むにはデジタル技術よりも習熟した業務知識のスキルが必要とされている。これはスマートフォンをみればよくわかる。アプリの開発とともに、そのアプリをどのように利用していくかが大切なのであり、アプリを実装する技術と業務知識が共に大切になる。

▼アナログ

アナログの優れている性質も、もちろん存在する。書籍は電子書籍が進展してきたとはいえアナログの本の存在感には勝てないのではないだろうか。

書籍は邪魔ではあるが、かえって邪魔なことが繰り返し性に優れているなど有益な場合が多い。形となった書籍は「文化」であり単なる文字を読み取るという機能だけではない。

アナログは物としての価値創造につながっている面もある。

書道、絵画はアナログ的であるし、アナログであることの楽しさも存在する。

PCで文章を書いたとき、画面ではなかなか誤字、誤りを見出せない。プリントアウトして印刷物にしたとき不思議と発見できるものである。

▼DX（デジタルトランスメーション）の重要性

昨今、DXの必要性がにわかに言われ出してきた。これは、企業組織などをデジタル化技術により一気通貫で改革を推し進めようとするものだ。

これには理由がある。アナログ文化は、それはそれで優れたものがあるのだが、アナログ技術はあまりにも人間的であるがため、30年かかるような改革でもデジタル技術を用いれば1～2年で達成してしまうからである。更に、ここへきてデジタル技術によるアプリケーションソフトが相当普及してきたことが挙げられる。ＰＣはもとよりスマホなどによりデジタル利用が当たり前になってきた。

また、人手をかけた従来のアナログ的作業が社会の変革、合理化の足枷になってきている。グローバル社会において日本は情報活用の後進国になっている。

ＤＸは一次元的手法の徹底はもとより二次元手法、三次元手法への転換がスムーズに進む。これはデジタル化によるデータ収集が容易になったことと、ネットワーク性が向上してきていることの要因が大きい。つまり社会全体のデジタル化が進展し、その利用が容易になったことが挙げられる。日本はこれまでデジタル化が遅々として進まなかったが、これからは一気に進展していくであろう。社内のＤＸ化のみならず、個人にとってもＤＸによる武装化を行ったほうがよいであろう。ＤＸは単なるデジタル技術ではない。組織が目指す目標とその体制づくりがいかに優れているかによって、その成否が分かれるといえよう。デジタル技術は単なる梃子《てこ》にしか過ぎないのである。

⑭数学・科学技術の活用

説得力がないと思ったとき
ニュートン方式　最強の武器、数学を駆使し説得力を

自然科学は古代、アリストテレス、プラトンに始まりヘレニズム時代にアレクサンドリアを中心にその基礎を固めている。

14世紀スコラ学を経て17世紀にガレリオ、そしてニュートンによって結実されている。ニュートン「プリンキピア」は、数学、自然学の歴史からいうと最後の最後なのである。

金融の知識を深めようとすると、必ず数式が出てくる。経済学、金融は社会科学であるからだが、数学、統計学で理論

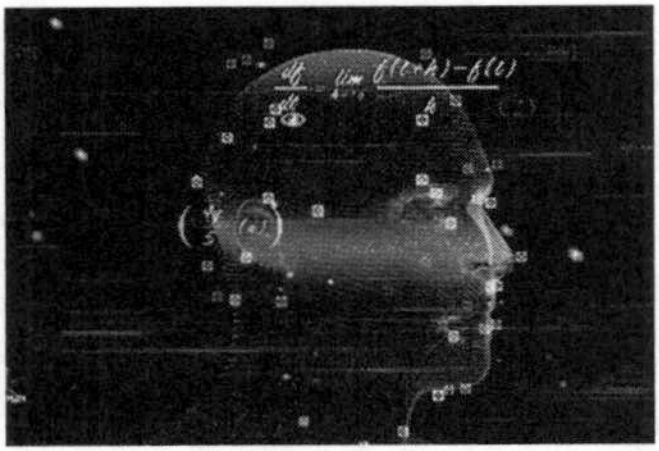

構築している学問分野でもあるからだ。逆に、言葉で説明すると何十ページにも要するものが、数式1本で簡潔に説明できることが多い。金融の世界は数学なくしてはまず不可能である。金融工学とさえ言われる所以である。まさにこの分野において数学はコアなツールである。

また、実務に直接結びつく、機械工学、建築工学、電気工学においても、基礎原理は数学で説明されている。建築の強度不足や新幹線車両の強度問題で不安をもたらしたが、これらの問題も、安全率を勘案して強度計算をしっかりしておけば問題にはならなかったはずである。隠し立てすれば別であるが。強度の不足は、当初は問題にならないが数年たって劣化が進むと表れてくる。

問題が発生した時、その原因を的確に示すには、技術的な裏付けがないと説得力に欠けてしまう。これには、工学的な知識、統計的、経済的な知識が説明には欠かせないのだ。

このように「数学」の知識はしっかり学んでおいた方がよい。経済学、金融、工学、ＡＩさまざまな学問の基礎になっているからである。

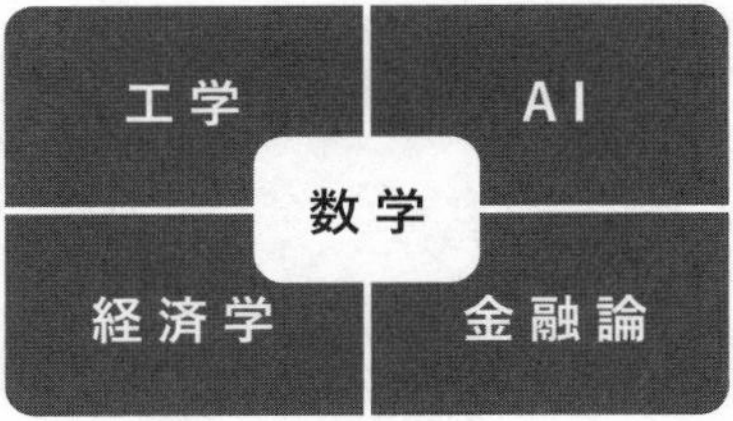

需要の価格弾力性

需要と価格の変化において

変化分を⊿（デルタ）という記号で表す。そして実需要のX1からX2への変化分を⊿Xとするならば、　⊿X＝X2—X1であり、価格のP1からP2への変化分⊿Pは⊿P＝P2—P1　となる。

よって、ある財の需要Xの変化率は、　⊿X／X　であり、価格Pの変化率は⊿P／Pとなり、需要の価格弾力性ηは、

η＝需要量の変化率／価格の変化率＝−(X2-X1)/X ／(P2-P1)/P　　(1)式

となる。

また

η＝ −⊿X／⊿P × P/X =− dX／dP × P／X　　(2)式　　と定義される

dx/dp　は微分形式

更に　　η＝tan⊿β・ P1／X1　　(3)式　となる。

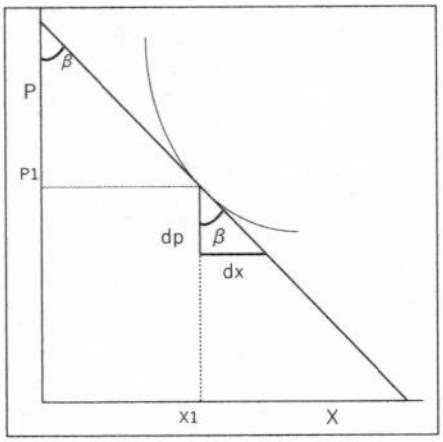

(3)式にあるように価格弾力性は一つには勾配tan⊿βに規律される。つまり勾配が高くなるほど（角度βが小さいほど）価格弾力性は小さい値を取ることになる。

需要の価格弾力性が1より大きいとき、価格の変化に需要が敏感であると判断でき、このような財は奢侈品となる。一方、需要の価格弾力性が1より小さいとき、すなわち、価格が変化してもあまり需要量が変わらないとき、このような財は必需品となる。

著者作成

会話を行うには日本語が必要であるが、科学や技術の説明、会話は、数学で行うといってもよいほどなのである。

前頁に経済学の一つの事例「需要の価格弾力性」を数学でモデル化してみた。少し難しいようであるが繰り返し学んでいくと微分的な考えが理解できると思う。

⑮「モデル」をつくることの意味

理論は重要である。しかし、理論で説明できることは一部の一部である。ほとんどの事象は理論で説明できていない。しかし、科学はアリストテレスに始まりガリレオ・ガリレイを経てニュートンに至るまで理論化を進めてきた。それは「現実を抽象化し単純化した世界を想定し、そこでの法則を理論化する」という理論駆動科学と呼ばれる方式で行ってきた。いわゆる仮説検証型方法論と呼ばれる手法である。

この方法は、ある重要で本質的と考えられる要素だけを抽出し、それらがどう関連しているかという相互関係を示す模型(モデル)を作り、それによって論争を行いながら進歩してきている。この理論研究の仕方は如何に対象から枝葉末節を取り除き、本質を取り出してモデル化できるかがカギになっている。しかし枝葉末節を取り除いていたようにみえて意外と重要な事象を除外していたため修正を余儀なくされてきた。

この方式は広く経済学・金融の世界においても踏襲されている。

しかし今、この方式に一石を投じる考えが出てきた。「データ駆動型意思決定」である。これは、「仮説から出発して、それに合うデータがあるかどうかを調べていく」という理論駆動方式ではなく、データをたくさん集め、リアルタイムで分析しビジネスにおける戦略や戦術を弾力的に変えること」にある。つまり、この方式はデータから出発する。もちろん従来からもデータを活用する方式は取られてはいる。しかしそれは補助的なもので主体は経営側が経験や直観により意思決定されている。しかし、データ駆動型経営は大量のデータ（ビッグデータ）を駆使し信頼性の高い情報を提供する。新しい事態が現れればそれがデータに出てくるので戦略が自動的に変更される。[6]

最も大きな例はＡＩ（人工知能）の世界であろう。

従来、機械学習においてパターン認識は上手く活用できなかった。しかし「ニューラルネットワーク」の技術によりビッグデータを活用してデータを学習する手法により画像を認識する方法が格段に向上した。これが成功したのは、ただデータの規模が極めて大きかったからであり、それを学習する手法を手に入れたからである。この人工知能の世界においては、なぜ正解なのかを人間は理解できない。しかし正しい答えを出してくるのである。この計算過程があまりにも複雑膨大でありブラックボックス化しているためである。

これらのことは、意思決定のモデルが理論駆動型からデータ駆動型への変化が生じていることになる。この変化はＡＩの精度が更に上がり多用されることにより次第に進展していくであろうし、この方向性はある面においては受け入れざるを得ないことになる。世界は理論で説明できることは限られているからだ。つまり今後、理論駆動型科学とデータ駆動型科学が共存していく世界になっていくであろう。

大きい意味においては「モデル化」はなにも理論駆動科学に限った手法ではない。広義においてさまざまな世界に利用されている。例えば伝統工芸といえども形状・美観を凝らした「モデル化」であるし、調理手法も味・栄養を指向したモデル化の形態である。大切なことは、モデル的な思考法は、重要で本質的と考えられる要素を抽出し、それらがどう関連しているかという相互関係を示す形態をつくることにある。だからモデル化した人は、これらの重要な要因と影響性を熟知しているし、解明してなければ有効なモデル化はできないことになる。成功した人は、自己のなかにこの「モデル」を確立しているのである。

モデル化には次のような形式がある。
①知識を集約してモデル化したもの
②実践プログラムをモデル化したもの
③種々の比較をモデル化したもの

⑯能力の開発

あなたの強みを本当の強みにするには強みを更に強化する――ドラッカー方式

「自己実現とは、前よりも下手でなく行えるようになることではない。
すでに上手に行えることを、はるかに上手に行えるようになることである」

P・F・ドラッカー[7]

▼あなたの「独自の強み」はいかにして身に付けるか

プロとは、単なる経験者や知識人とは、全く異なる。その道の知識の深さは当然のことながら、プロとなるに、なぜ10年20年という年月がかかるのであろうか。

プロの要件として、よく言われることは「経験」という条件があげられる。

これは第一の要件である。「実績を多くもつ」ことが「強み」であることの条件である。

しかし、経験を積むということであれば、数年あれば事足りるのではないだろうか。1年あれば、一通りの仕事の流れは習得できる。更に数年あれば、そこそこの域に達することは可能であろう。しかし、プロとなると話は違う。この「プロ」と「通常の経験者」との違い、それは、「失敗の経験」の多寡にある。数年の間においては、失敗の経験度は限られる。プロの要件の第二は「失敗経験を多くもつ」こといえよう。

近年の技術革新のスピードは凄まじく、ほぼ数年で陳腐化してしまう。このため、業務経験値は逓減し習得技術も価値は激減する結果、総体的習得価値（70頁、図の棒グラフ）は10年を待たずに急速に価値は低減していく。総体的な資本価値の推移は、10年を待たずに低下傾向に入り、15年くらいで半減し、20年以前に低減かピークアウトしてしまう。

つまり結論的には、数年単位で新たな価値をどんどん注入し総体的価値を増大していく必要がある。

キャリアにとり最重要なことは**新しいイノベーション**を積極的に取り入れ新しい経験を積むことにある。

キャリアを強化する方法

○自己評価・客観化を行う

自己の技術が普遍性・社会価値評価に耐えるるか、更に独自性・新規性をもつか客観的に評価する。

「独創とは個性の最大化」の6要件が参考になる（30頁）

自分の技能と思われるものを「モデル化」する。客観化することができる。

○理論的根拠を深める

経験に根差したものほど理論的根拠で補強しておくことが必要である。

数学、物理学、機械・電子工学そして社会科学などの知見を用いて理論武装する。

理論武装を怠ると問題が発生したとき説得力ある説明ができなくなる。技術改良、商品開発にしても理論的根拠がそのベースになる。理論構築は極めて重要である

○経験知を重層化する

実績を通して有効な事例を豊富に蓄積すること。

「実績」「実証」ほど重要なものはない。自信の裏付けとなる。

同時に失敗経験も経験知として重要であり、それらが総体としてノウハウとなる。

技術指導・経営指導時、顧客が最も参考にするのは「実績」と「失敗に至る行動」なのである

○周辺技術で補強する

単独・特殊な技術であったとしても、それを補強する必要もある。

周辺技術やアイデアを参考として取入れ、自分独自の技術として展開する。

○定型的手法を変えたり代替え技術も検討する

従来おこなっていた手法を変更してみる。

新たな新技術・知見を取り入れたり、材料の検討、手法の吟味、構造の検討などで経済価値の向上をはかる。

○関係力を強化する

情報収集とともに技術の展開融合という面において人との連携強化を図る。人とのかかわりの中で新しい商品展開や商品開発の芽が生まれることがある。延いては、それが独創性を深めることにつながる。

○全く異なった組織を経験する

同じ企業内でキャリアを上げることはある程度は可能である。しかし、少し考えてみれば分かることなのであるが、その企業で行っている経営手法、そして商品は業界全体においてごく一部なのであり、その経験知には限界がある。更に20年経って、経験知・技術が劣化して、あなたが使い物にならなくなるのはある意味当然なのかもしれない。同じ組織にこだわりがなく、将来フリーランスを目指すのであれば、異なったスキルを得るため他社で経験を積むことも一つの有効な手段ではあるのだ。同じ業界、業種であっても組織が異なると手法も全く異なってくることが多い。

▼年代別スキル戦略

更に昨今、厳しい見方をすれば、技術進歩の進展はすさまじく、1～2年で新たな技術がどんどん更新している。自身がその技術を習得した時には、もはや陳腐なスキル、需要のない状態になる恐れもある。

このような時代においてはどのようにスキルを構築していけばよいのだろうか。リンダ・グラットンは「長い年数働き続けるためには、無形の資産への大々的な再投資をおこない、みずからを再創造して変身を遂げなくてはならない」と述べる。[8]

①20代・30代

現業業務のスキル構築を最優先し、組織内での評価を高めること

新たなスキルを取り入れる時に重要になることは、「基礎学力」の有無によって差がつくということにある。先端技術は基礎学力の上に理解がすすむのであり、その

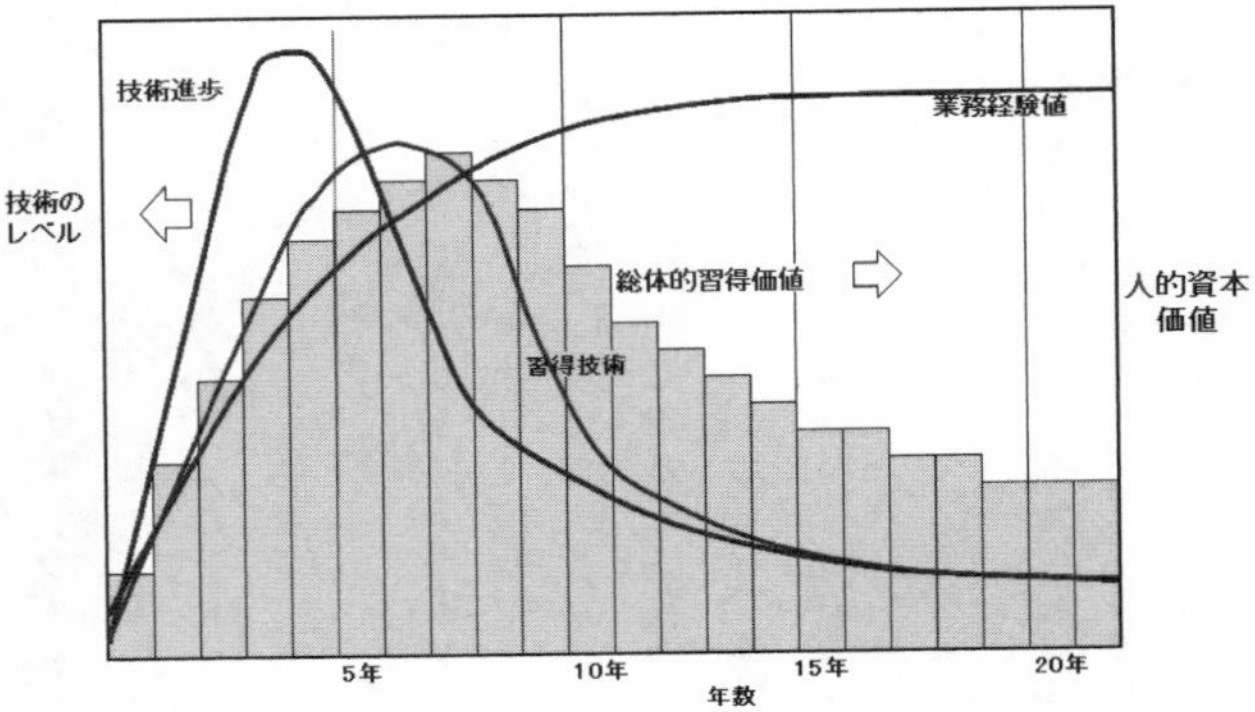

著者作成

ためには普段から、基礎的な学力、例えば、工学、経済学、語学、数学などを学習しておくことは陳腐化することはない意味でも重要である。

時間が許せば専門制大学院、専門学校などで知識を学ぶことも必要である。20代30代は経験蓄積と「学習」に最大限投資すべきであろう。

更に必要なことは、ヒューマン的スキルを磨いておくことが大切である。組織内で評価を高めていくには、対人折衝能力を学び、友人づくりや歴史書などを読み人生の機微を学んでおくことは有益である。

長い社員生活のなかで、一度か二度は、会社のトップに意見具申をするというような機会は必ずと言ってよいほど出てくるものである。この時に、感情的に、専門知識を振りかざして意見を述べても説得性のある文章は書けない。この時に、カギになるのは、経営学の知識による幅広い知見をもって援用するとか、論文形式の論述にそって文章展開を行うなどして説得力をもつことも重要なことである。つまり、**普遍的・合理的な説得力**がカギになる。

②40代

この時期になると、組織内においての方向性が固まってくる。しかし、それでは自己の可能性を閉ざしてしまうのであり、新たなチャレンジが必要である。将来を考えたとき、意外と40代は重要な年代である。

もう一つの専門分野をもつ

では、新たな第二のスキルへのスイッチはいかに進めればよいのだろうか。例えば営業畑で戦ってきた人は、情報スキルを身に付けて、ＩＴ広告の能力を身に付ける。これによって最新の情報ツールにより営業力は増大するであろう。また、住宅関連や不動産関係で業務を行ってきた人が、ＩＴ技術などを身に付けることによって信用力は倍加するのではないだろうか。セキュリティ技術は今後ますます求められる。

50、60代になったとき会社内で配置転換を求められる時期が必ずやってくる。その時に判断されるのは如何なるスキルをもっているかであろう。今までの業務上のスキルとは違った異なった専門スキルをもっていたなら考慮される。これは、常日頃、独学で習得できるものでよいのだ。

敢えて言えば「二刀流」を目指すことも必要と思う。

「資格」取得に挑戦する選択肢もある。

普遍的な知識・技術で裏打ちされた経験知は、頼りにされる信用力になっていく。例えば税理士、司法書士、会計士、ファイナンシャルプランナー、不動産関連などたくさんある。

③50代・60代

キャリア能力は50歳〜60歳位で最大化できるよう目標に置く。

55歳や60歳で人材を閑職に追いやることが企業のとって如何に勿体ないことであるかを知ってもらうには自身の努力も必要である。

企業より再雇用を求められる場合がある。その意味は、体力の低下、技術能力の低下はあったとしても、経験というものを保持している要素が大きい。その意味は次のように言える。

長年の経験は、社内の商品技術と外部顧客との関係性、知見をもっているからであり、且つ、関係各社に人脈といわれるものを築いている。それは単なる外部の顧客を知っているからだけではなく、その企業の内部事情、性質をさまざま知っていることによる。商品技術との関係性を知っており、また信頼関係を築いてきたものがあるからだ。定年時点において、最も武器となるものは、その人自身の総体的な経験知（70頁、図の業務経験値）を保持していることが最大の強みになるといえるであろう。

これらのことは、実証的にみれば、定年退職した人が、新たに再就職しようとするときは慎重にならなければならないということでもある。経験を如何に評価してもらうかということがポイントになる。
50、60代であったとしても先端技術は重要である。最新の先端技術をもっていることが組織内で評価される要因となる。
その意味において「資格」を取得したり、教育機関で「講座」を取得した場合は企業トップに報告しておいた方がよいであろう。継続的に勉強は怠らないことが大切と思う。

▼基礎体力を強化する　アスリートから学ぶ――体力の重要性

アスリートの人達が必ず行うもの。サッカー選手であろうとお相撲さんであろうと、それは必ず基礎体力の形成から始まる。お相撲さんは「心技体」を重視する。私達の立場からみれば、体づくりだけではなく、全体的な人間形成であろう。長い人生に備え、頼りとなるのは資金であり知力であり、そして、これを支えるのは精神的、肉体的健康になる。

そのために必要なことは、

- 運動・栄養についての知識を身に付ける
- 具体的な運動スケジュールと行動

などが実際的なテーマとして挙げられる。

スキルの高め方

あなたはどのようなコア技術をおもちであろうか。

経営学にVRIOフレームワークという分析ツールがある。これはジェイ・B・バーニーが主張した経営戦略ツールで、企業の経営資源や能力を四つの要件から判断するものだ。

ジェイ・B・バーニー（Jay B. Barney）
アメリカの経営学者
経営資源に基づく戦略論「リソース・ベースト・ビュー」がある。

▼競争優位の源泉（経営資源）とは何か

アメリカの経営学教授であるジェイ・B・バーニー（Jay B. Barney）の経営資源に基づく戦略論「リソース・ベースト・ビュー」の代表的なフレームワークである。「リソース・ベースト・ビュー」とは、経営資源を活用することで競争優位性を生み出し、経営戦略を有利に展開させていく内部資源理論である。

VRIOフレームワーク――持続的競争優位

V：Value（経済価値）
R：Rarity（希少性）
I：Inimitability（模倣困難性）

O：Organization　（組織力）

の4つの視点から評価することによって、存在する強みと市場における競争優位性を認識し、更なる効果的な施策を講じようとするものである。[9]

このフレームワークを我々個人に置き換えてキャリアを考えてみる。

Value（経済価値）

その企業が保有する経営資源やケイパビリティが現在の経営環境に適合しているかどうか問うものである。我々は教育を受け、さまざまな「価値」を身に付けて社会へ出るが、更に社会で実践能力を磨き経験知を築いている。

Rarity（稀少性）

圧倒的な強みとなるような希少な経営資源を保有していれば競争優位な状況を維持できるというもの。

これは個人も同様で、能力は稀少なもの、つまりもっている人が少ない能力であればあるほど価値が高まる。例えば公認会計士や医師免許など、難関と言われるライセンスがあり、一般的には報酬も高いであろう。また TOEIC・TOEFL・IELTS などの英語に関する資格試験のスコアも上位になるとかなり稀少性が高まる。もちろんこういった資格やスコア以外にも、自分の経験や経歴で「稀少価値」に育てることが重要である。

ケイパビリティ（capability）
才能や能力という意味で使う。
全体的な組織的能力、あるいは企業や組織が得意とする組織的能力のことを言う。

Inimitability（模倣困難性）

模倣が困難である原因は、その資源を獲得するために要する時間が多くかかること。因果関係が不明瞭であること。複雑に埋め込まれておりコントロール不能であること。などがその要因として挙げられる。

これを個人のスキルで考えると、希少な先端技術でありながら内容的に不明なもの、また、他の人が一朝一夕には身に付けられない能力などがあるであろう。この有利なスキルを更に磨き続けて圧倒的にリードすることが差別化となり強みとなる。

Organization（組織）

ベンチャー企業と大手企業を一般的な視点で比較してみると、意思決定の速度に差がある。大企業には圧倒的な資本があり動かせる金額には大きな違いがあるが、一方で、小回りが利くベンチャー企業は的確な意思決定が早くできる。

このように、VRIOフレームワークに当てはめて客観的に自分の能力を捉えることで、自分の強みや弱みを改めて認識することができる。

重要なことは、これらの要素の程度が低いほど、外部からの影響を受けやすいということである。つまり自分の能力・技術に強調できる部分がないと、自身を主張できず、活躍の場も少なくなっていくということに繋がる。自分の職務に希少性がなかったり、経済価値が低く、誰でも模倣が容易であれば存在価値は低くなってしまう。社会の中で自分をどう活かしていくかを考え、自らのキャリアを戦略的に考えることが必要である。

これらは端的にいえば「自分に強み」をもつことだ。

ではどう考えたらよいのであろうか。

▼独創を武器にする

価値が高いか低いかは本人の価値判断とともに周りの人の判断もある。価値の高いものであれば、有益なものとして普遍的な価値を認められる。たった一つの狭い技術であったとしても、その技術を深め優れたものにするならば一生涯の職とすることも可能であり、更に第二の人生にまで応用することが可能かもしれない。

つまり、「継続して深化できる対象であること」――このことが重要といえる。そうした価値をもてる独創性のある対象をもつことである。

心理学者であるエドワード・デシは、内発的動機付けを説いている。パズル解きを2チームに分け、「外発的動機付けチーム」は課題終了後は報酬を得たが終了後はパズル解きをやめてしまった。「内発的動機付けチーム」はパズルが解けても報酬はあげなかったが課題終了後においてもパズル解きを続けた。報酬をもらうことが目的化してしまう外発的チームに対し、褒美ではなく、自分がやりたいことに取り組むことが継続することにとって重要なことを示している。

これからの技術者はデータ技術のみでは業務の改善は望めず、幅広い知識と経営の管理に習熟していることが求められていく。

この中で力を発揮するのは意外にも、ビジュアル性や人間性を重視した営業力が企業の売り上げ増に繋がっている。これらの力量が独創力として発揮されたのであろう。オックスフォード大学において、能力・スキルをランキングしたものを提示しているので紹介する。

1位　戦略的学習力
2位　心理学
3位　指導力
4位　社会的洞察力
5位　社会学・人類学
6位　教育学
7位　協調性　　等々である。[10]

上位にあるのは情報学的なものではなく、意外にもヒューマン的なものなのだ。

▼バーニー「競争優位」に足りないもの

バーニーがいう「希少性」は希少性にしかすぎない。

希少性は一時は経済的には有利ではあろう。しかしそこに存在価値という面からみると、希少性より「独自的価値」のほうが競争的には有利になる。希少性は時間とともに多量化へ推移し競争力がなくなるからだ。つまり、そこに有意な独創的価値があるならば簡単には優位性は喪失しない。

経済価値、希少性、模倣困難性が併せて「独創性」という概念に含まれてくることになる。しかし、結局は価値そのものが、どのような価値内容を含むのかが問題になってくる。希少性、模倣困難性があることで満足せず、自己のコアな部分に独自性ある「独創」にまで引き上げておくことが重要なのである。

▼「失敗した時」

失敗して落ち込むことは誰にでもあることだ。この時、どのように気持ちを切り替えていけばよいのだろうか。

反省した上で「経験」だったと割り切ることである。すべては経験なのだ。

そして、反省の上で対策を取ることである。

簡単な例を紹介する。ものをどこに保管したか分からなくなったことはないだろうか。

3時間4時間、考えられるところいくら探しても見つからない。非常な時間のムダになってしまう。その時は明解に覚えているつもりでも人間、忘れる動物なのだ。

この時の原因は、「忘れる」ということを安易に考えていたことにある。だから私は保管したところをノートにメモすることにしている。

反面において、自分自身が失敗だと気が付いていない場合がある。これが一番悪い。知らず知らずのうちに信頼を損ねている場合がある。相手に対し失礼な言動をしていたり、気を損ねていた場合などである。言動はよくよく気を遣う必要がある。

失敗は一つの原因では起きない。三つ、四つの要因が重なって起こる。例えば交通事故を起こしたとする。車のスピードを出していた。考え事をしていたり注意が散漫になっていた。無理なハンドル操作をした。突然、横から人・バイクが飛び出してきた。これら複合的に要因が重なったときに事故となって発現する。そのため事前に予防できる要因を減らしておくことが必要になる。つまり、スピードを出さない、注意散漫となる行動をとらない。という行動によって他の要因が起こったとしても事故結果に至らないことになる。

つまりすべてにおいて基本動作を整備しておくことは大切なことである。

⑰学習力の核心

▼勉強が苦痛だと思った時

勉強、勉強といわれるほど勉強したくなくなるものだ。

私は子供の頃、幸せなことに親からは一度も「勉強しなさい」といわれたことがなかった。ですから中学2年生頃までごく普通の生徒？　成績でした。5段階評価で2とか3を多くつけられていた記憶がある。時に1（最低ランク）もあったような気がする。その後、転機があったのか、負けず嫌いの性格だったのか俄然やる気のスイッチが入り、クラスでトップの成績が2年間続いてしまった。勉強方法など分かるような年代ではなかったし、当時は塾などもなく夜遅くまで勉強自体を楽しんでいた記憶がある。

とはいっても閉じこもっていたわけではなく、演劇の監督とか、マラソンの代表でもあったし、さまざまなこともやってきた。

▼勉強は楽しむもの

「強いて勉める」オーソドックスな勉強は、非効率そのものである。

真面目に勉強すればするほど、学習効率というものは低下する場合が多い。

どなたも経験した事例を挙げてみよう。例えば、資料を1頁目から丹念に読んで、書き写すという作業。これは学習の最もオーソドックスな作業である。

来る日も来る日も、一日何頁と決めて読み書きを進めていく。200頁から300頁の書物であれば、1日4頁進めたとして、50日から75日掛かることになる。

これは2ケ月前後の日数となるが、さて……2ケ月たって終わった時に、最初の頁の部分に立ち戻ったとき、唖然とすることはないであろうか。つまり、ほとんど忘れてしまっているのである。これでは何のために勉強したのかと思うのだが、でも頭のどこかに残っているのだと自分に言い聞かせて諦めてしまう。こうした経験はないであろうか。

人間は忘れる動物だから仕方がない。また勉強すればいいだけだ。と

しかし、2ケ月も経ってしまうと、普通、8割位は完全に忘却してしまっている。

ここで記憶術とか、何とか忘れないで記憶を保っていこうとする方法が盛んに研究されているわけである。

記憶術も、これはこれでよいのだが、技術的に面倒くさいことをあれこれ述べていることが多く、つまり、これも「強いた」勉強なのである。

では、勉強したことが、もっと単純に頭の中に、記憶として残っていく方法はないのだろうか……ということになる。

それは「強いた勉強」をしないこと。結論的には、「勉強」ではなく「遊び」の作業としてしまうことである。「遊び」とは安易な方法ではないかと思われるかもしれないが、遊びも勉強も然《さ》したる違いはない。むしろ脳にとっては有益だ。

知的な作業は、論点を見出し、即断したり一方的な偏見を避けることが大切である。記述されている論点を分解し整理を行う。簡潔な項目に認識できるようにすることが必要である。

その上で重要項目の関連性を整理し、文章全体の流れを見ていく。学習や、知的作業は、この点が重要である。

つまり、学習は、その文章に流れている「理念」と「キー言語」を掴むことが大切になる。

以下、その方法を記述していこう。

勉強の成果は、次のような方程式であらわされる。

学習の成果＝資料の質×理解力×記憶力×活用力

資料の質とは、勉強する資料の良否
理解力とは、こちら側の文献を読み取る手法、理解する力
記憶力とは、知識を脳に蓄積する方法
活用力とは単に知識に留めるのでなく現実の問題に展開する力が備わっていて、本当の理解に至る。

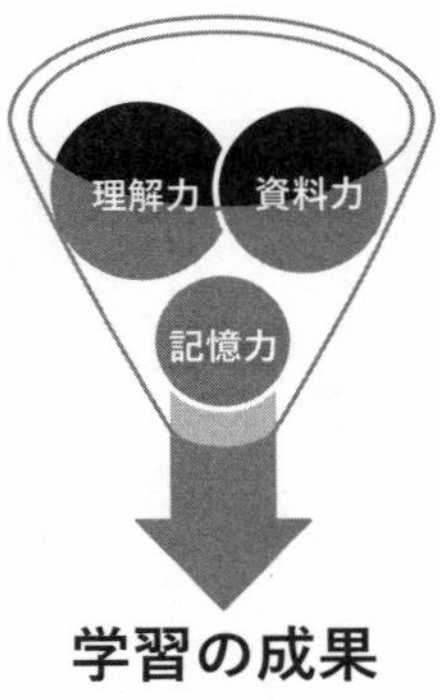

著者作成

一般的には「勉強量」や「時間」のファクターを入れたがる。しかし、成果は、あくまでも「理解」と「記憶力」が重要な要因である。

▼読み取る力を鍛える

学習成果は、理解力にあると説明したが、まさに資料を読み取る力にある。

これは、脳がもっている知識の多さが決定的な力量になる。逆に言えばこの知識が少ないから勉強することになるわけだが、如何にしたら、この理解力を鍛えることができるのであろうか。

・論理力を鍛えること

人間は言語で考え、言語によって、資料に記述する。

ここで、資料に論理の飛躍や、偏見などがあると分かったようでよく分からない釈然としない状態になる。

論理力のある著者が書いた資料に説得力があるのは、論理の飛躍や偏見がなく、合理性があるためなのだ。

このため、優れた著者による資料の厳選が必要になってくる。そして、重要なことは、この論理性のある、文章の記述の仕方を学ぶことも学習においては重要になる。

・重要箇所は、熟読する

キー言語を抽出する意味において、資料全体を速読で読むのはかまわないが、理解できない重要箇所が必ずある。この部分を習得することがいわば学習といえる。

その時、理解できなかったとしても、何回か読み返すことによって理解に至ることができる。時間を置いたり、歩いているとき、「あゝそういうことか」と合点がいくこともある。

「自分が考える」というよりも無意識の状態で「脳に考えさせる」というふうに認識したほうが適切ともいえる。つまり脳には熟成させる時間が必要なのだ。

この壁を破ったときが、脳力の大きな飛躍になる。自分自身も大きな達成感と知識の広がりを感ずるはずである。これは、恐らく脳のなかで「シナプス」の形成を最適化するため時間が掛かっているからなのであろう。自分では一生懸命考えているようでも知識（情報）のシナプスが繋がっていないので理解に至らない状態でもある。よい考えが、その時出てこなくても一晩寝て、翌朝に出てくることがあるのは、シナプスが繋がって最適解が出てきたからなのであろう。学習とは、この「重要箇所の肝」を押さえることにある。

その意味で、脳にあまり強制的に詰め込みすぎると脳は、この作業ができなくなってしまう。ゆっくりと考えることが必要だ。

・キー言語を抽出し項目化する

例えば史学を例にとってみよう。

ナチス・ドイツの勃興の原因を求めてみた場合、その中心核はなんであろうか。「ヒットラー」であろうか？「反ユダヤ主義」であろうか？遠因はやはり「ヴェルサイユ条約」にある。しかし、国内の政治体制からみると、「ドイツ社会民主党」の動向もキーポイントになってくる。

ナチスの勃興は、ドイツ国内だけの要因ではなく、英国の宥和政策など周辺諸国の動向が、ドイツ社会民主党に大きな影響を与えた結果、ワイマール政権の弱体化をもたらしている。

ドイツ社会民主党が健全に立ちいっていたならば、ナチスの勃興はなかったであろう。そういった意味で、ドイツ社会民主党は一つのキー言語と思われる。

▼学校で学ぶ

「高学歴」だから「高収入」とは限らない。

大学・大学院という学歴ではなく、高校卒ではあっても、安定した比較的高収入の職業はたくさん存在する。

とはいっても、それほど特殊な職業でもない。例えば次のような職業がある。

理系の工業高校の化学科を卒業し、化学的知識を適用した職業に就く。

アメリカ労働統計局が発表しているデータベースにおいても、「高い給料」、「将来性」、そして「低ストレス」という選択肢にこの化学的職業は多くランクインしている。それは「化学技術者」という職業である。

具体的には、化学分析技術者、プラント技術者、物性技術者、そして技術士もこの類に入る。現在は自動車関連の職業に多くの人の目が向いているが、「化学」という職業はこれからの日本の中心的業種として期待されているのである。

機械系の技術として、今では金型業界において3D技術は常識であるが、この3D技術は金型業界のみではなく、他の業界へも普及しつつある。

また、建築関係においては、施工管理技術者は建設作業においてなくてはならない技術者である。どんなに設計、技術が優れていたとしても、現実に建築物の細かい調整や現場作業者との手配・調整は施工管理なくしては成り立たない。ＡＩ（人工知能）など立ち入ることのできない分野である。

文系の職業よりも、理系の職業の方に安定した職業が多いものだ。それは特殊な専門技術のスキルを積めることにあるからだ。注意してほしいのは、大学卒でなければこういった専門技術を習得できないわけではない。大学卒にこだわらず、理系の専門学校での技術習得は可能だ。というよりトライする価値がある。電子・機械的エンジニア、データサイエンティスト関連はこれからの有望職種ではないだろうか。

文部科学省と経済産業省は、小学校でのプログラミング教育のためトヨタ自動車、グーグルなど17社・団体と連携して授業を行い、人工知能などに強いＩＴ技術者の人材の育成を図る企業が増えてきた。

情報システムの仕事である「システムアナリスト」は、組織のビジネスプランに基づいて基幹システムを中心にシステムを構築、企画し、提案する業務であり、プログラマー、システムエンジニア、プロジェクトマネジャー、ＩＴコンサルタントなどの職種もある。

▼知識の獲得だけでは、残念ながら十分ではない

勉強した知識は、そのままにしておいても、時とともに自然消滅していってしまう。必要なことは「批判的知識」つまり批判に耐えうる知識が必要である。

更にいえば、知識を自分の「力」にすることである。

そしてその鍵は、「考える」ことにある。

1日使って考える。たくさん勉強しようとするほど失敗する。

一日1項目、1年で、300項目の学識・モデルを自分のものとしてしまうのだから、これは尋常ではない。急ぐほど「活用できない知識」に終わってしまう。

そして要点を三つにまとめる。

3項目の箇条書き、または語句なら非常に簡単に反復でき、歩きながらでも可能となる。

1日、3項目では、少ないと思うかもしれない。しかし、決してそうではない。

1日、一つの「モデル」を覚えたとしたら、1年で、およそ300項目の「モデル」を自分のものとしたことになる。これができるようになると本の著者を批判できるようになる。

つまり、「批判的知識」として身に付けることができる。

▼勉強を「コーヒータイム」のデザートにする

つまり、勉強を目的にするのではなく、コーヒーを飲んでくつろぐことが目的である。更にスイーツなどを一緒に食べるのもよい。

私は勉強、読書は喫茶店ですることが多いが、会社帰りや、仕事の合間の時間を活用する。これが非常に楽しみなのだ。

だから、2時間も3時間も居ない。大体、1時間から1時間半位でやめてしまう。

喫茶店では、結構、勉強、読書している人も多い。若い学生さん、ビジネスマンの方、ご年配の方もそれなりに多い。80代くらいのお年寄りの方が、分厚い辞書を見ながら勉強されているのをみると、刺激をうける。静まり返った図書館よりも、多少騒がしい喫茶店のほうが逆に勉強に集中できるのは不思議である。

勉強は苦しんでやるものではなく、絶対に「デザート」にしてほしい。

▼「読むだけの勉強」は正しいか

巷間よく「何回も読む」ことでノートに書き出す作業を行わない学習スタイルが唱えられている。しかし、この方法は正しいのであろうか。

これは間違っている。試験は、日本語による筆記試験で行われる。常日頃、書き出す練習をしていないのに、試験場で記憶から書き出すことがスムースにできるのであろうか。まず正確にはできない。それに、学習したことをノートに書き出すことで知識が整理されると同時に脳に記憶されやすいスタイルとして転記される作用がある。最初から丁寧にノートに書き出すことはしなくてよいが、何回か読み込んだのちに、ノートに簡潔に書き出すことによって的確な整理がなされる。この書き出す作業は学習の過程には必須の作業となる。

図書、書籍は、先人が残してくれた貴重な財産である。著者の考え、思想がすべて詰まっていると考えてよい。

話し言葉や講演はそれなりに役立つものであり、新鮮な話も聞くことができる。しかし、書籍のよさは、何と言っても、論述が整理されていることにある。著者の経験や考えが、その場かぎりの説明ではなく、吟味された上で記述されている。

▼聴覚の活用

脳においては、言葉は耳と深い関りをもっている。人間の脳において、聴覚を扱っている部分は「聴覚野」と呼ばれている。耳から入ってきた音の情報は聴覚野で処理される。

この聴覚野の重要な機能は、「言葉」を扱っているということであり、この言葉を扱っているということは、聴覚野は「考える」ということに関わっているということになる。

つまり「言葉」と「考える」ということは、密接に繋がっている。

私たちは、考えるとき頭のなかでは声を出しながら（発声しないで）考えている。日本人は日本語で考え、アメリカ人は英語で考えているはずである。つまり、言葉がなければ考えるという行為そのものが困難になってしまうことになる。

「文字情報は一度音声情報に変換されてから、言語情報として処理されている」[11]といわれる。

この成り立ちを考えると、赤ちゃんの時から、言葉は音声によって身に付き、理解され、話すということを積み重ねてきた。言葉は音声情報として脳内で蓄積されているのである。このように考えると、聴覚は私たちの思考そのものに深く関わっているということができるであろう。

⑱活用力を磨く

能力が十分なのか分からない

▼実践力は「サバイバル力」である

どんなに素晴らしい能力を身に付けたとしても、それを活用する術がなかったとしたら無駄になってしまう。技術・知見・経験を如何にしたら社会に打ち出し、活用してもらうかは大切な技術である。つまり能力を活用していく手法を学んでおくことは有益なことなのである。どのようなことに気を配っておくことが必要なのであろうか。

1. 接点を多くもち情報収集の習慣を身に付けておく
例えば政府・行政の方針・施策の情報を収集しておく。国の大きな政策は5年単位で設定されることが多い。つまり5年間はこの方針でさまざまな施策を執行していくということ表明する。これを知っておくことは有益なことが多い。
2. テクニカルなパワーを磨いておく
実践・実務で学んだテクニカルな技能は最も応用・展開がきく技能である。

習熟しスキル形成に努力することが有益である。

3. 可能な限り最先端技術を身に付けておく

先端技術は、利用している人が未だ少ないため拡大の前線で大きな位置を占めることができる。そのため、普段から汎用スキル・テクニカルスキルを磨いておくことが大切である。

4. 挑戦者だけが勝利する

異質なもの、革新的なものにあえて挑戦してみることも必要。「従来どおり」では人は見向きもしなくなる。

▼テクニカルパワーは独創力の基盤となる

あなたが中華料理店の店主であったとしよう。中華だけでは将来性がないのでフランス料理も品揃えしたいとする。必要なのは、まず自身の冷静なスキル分析であろう。料理材料の知識×調理知識×調味料の知識×メニューの知識などである。

厳しいことには、中華料理のスキルでは、調理そのものの知識しかないであろう。この分析をみると挑戦はまずあきらめることが無難だ。しかし、私なら挑戦する。すこぶる楽しい作業であるからだ。まず、どんなメニューがあるかという試食回りから始める。そこでどんな材料が使われているかが大まか分かるであろう。最も困難なことは味付けである。これは試行錯誤を続けるしかない。ここで生きるのはテクニカル技術である。どのような順番でどのような火加減がどのような味になるかは材料が違ったとしても大まか推測が付く。調味料と掛け合わせでどのような味になるかを研究するのである。不思議ではあるが、この試行錯誤するテクニックというのは料理というスキルを磨いている過程で身に付いているものなのである。これがテクニカル技術だ。失敗を重ねることによって、よい味が出るようになるであろう。テクニカル技術が最終的な拠り所なのである。料理材料、食品というマテリアル、調理知識というソフト知識は追って習得可能なのである。次頁にフランス料理への試行のモデル化を図示した。

私の経験をお伝えしたい。30代の頃仕事の関係でCADの技術を習得する必要ができた。もちろんCADのイロハも分からず自習を余儀なくされた。1週間くらいは何がなんだか分からなかった。2～3週間位経過するなかで少しずつ分かってきた。理解できたことはノートに書き出すようにした。こうした試行錯誤を経て、大体3ケ月くらいで大まか習得することができた。

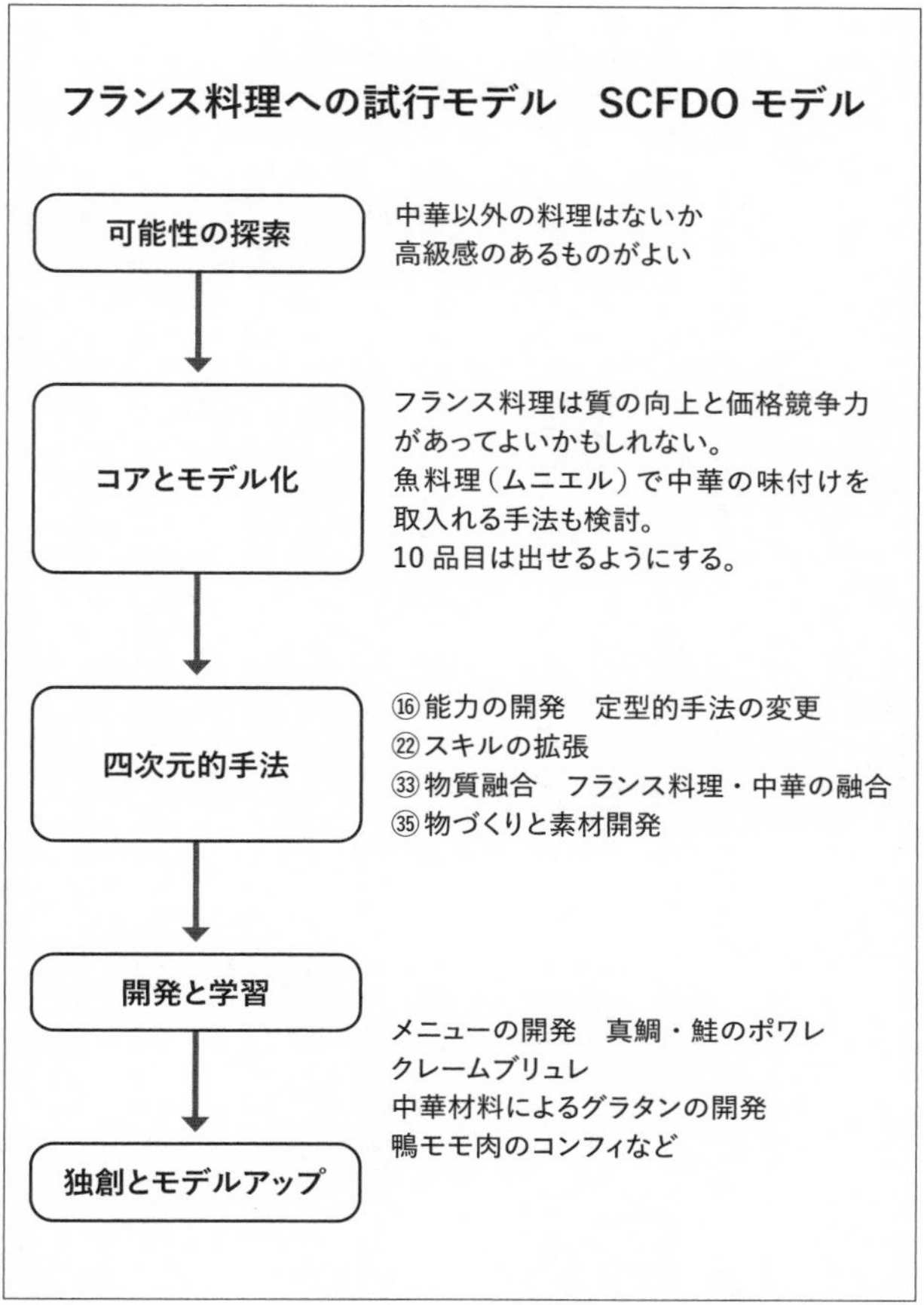
フランス料理への試行モデル　SCFDO モデル
可能性の探索
中華以外の料理はないか
高級感のあるものがよい
コアとモデル化
フランス料理は質の向上と価格競争力
があってよいかもしれない。
魚料理（ムニエル）で中華の味付けを
取入れる手法も検討。
10 品目は出せるようにする。
四次元的手法
⑯能力の開発　定型的手法の変更
㉒スキルの拡張
㉝物質融合　フランス料理・中華の融合
㉟物づくりと素材開発
開発と学習
メニューの開発　真鯛・鮭のポワレ
クレームブリュレ
中華材料によるグラタンの開発
鴨モモ肉のコンフィなど
独創とモデルアップ

著者作成

その後、職種も変わり、ＤＴＰソフトを習得する必要が出てきた。ＣＡＤソフトとＤＴＰソフトとは全く異なる。手法も動かし方も全然異なるのである。このソフト、高度なのか、多機能なのか、どこに何の機能があるのか混乱した。少しずつ攻略するしかない。まさに2～3週間混乱の極みである。しかしここで役立ったのはＣＡＤソフト習得の際の攻略のテクニカルであった。1～2ケ月でかなりの域に達することができた。

テクニカル技術というものは、いろいろの場面で種類が異なっていたとしても役に立つ場合が多く、割と多方面で応用が利くということなのである。

営業という技術しかないと思ったとしても、職が変わっても応用は利く。お客への対応の仕方、商品説明の仕方、クレームへの対応の仕方、その原理は同じである。テクニカルであるからだ。ソフト的ではあるが内容は「テクニカル的な手法」といえる。誤解があるといけないが、「マーケティング」はソフトともいえる学問領域である。しかし「営業学」という学問はあまり見かけない。テクニカル的な手法であり、どちらかというと人間学として各領域に分散している技術である。商品というマテリアルなもの、そして商品知識というソフト、この橋渡しをするのは営業というテクニカルな技術といえる。

近年、人工知能を搭載したロボットや機器などの自律制御システムが普及すると考えられている。単なる単純な動作を組み込んだものではなく、専門的知識・ノウハウをもった人が機械にテクニカルなデータを教え込みロボットを賢くさせる機能を組み込んでいる。いわゆる「マシンティーチャー」と呼ばれる概念だが、これら製造や業務現場の事情に詳しい人達が生産性向上に重要な役割を占めることになるといわれる。

まさに、培った熟練技術であるソフトとマテリアルを統合しテクニカル性を向上させる役割を担う高度な技術なのである。

ＤＸ（デジタルトランスフォーメーション）の必要性が盛んに言われているが、要は経営にソフトとテクニカルとマテリアルの３機能を統合していくことに主旨がある。つまり現場の情報と経営の意思決定を密接に意思疎通していこうとする戦略であり、そうしないと市場の判断とともに企業内のガバナンスも保てないからである。この３機能の統合戦略は今後ますます進展していくであろう。大手電機メーカーはソニーの成功を見習ってか、単なる家電品の製造販売を脱し、データ分析からＩＯＴ基盤サービスなどソフトのサービスを一体化して利益率の向上を図ろうとしている。

一次元的手法 まとめ

○一次元における中心的課題は、「能力の向上」にある。また、自身のコアを定め、育てながら検証することが大切である。

○一次的伸長は自身の人的価値を向上することであり、失敗も含め貴重な財産になる。

○自身の強みを強化することが重要であり、理論化を図る必要がある。

○スキルを客観化するため自身の知見をモデル化して「見える化」することが有効になる。

○テクニカルパワーは地味ではあるが応用力のある重要な能力となる。

＊　＊　＊　＊　＊　＊　＊　＊　＊　＊　＊　＊

これらの技能は一生の財産になることでしょう。
これから必要なことは、広範な異次元の能力の付加です。
あなたに新たな能力を付け加えましょう。
それには二次元、平面的思考が必要となります。

M. KITAMURA and E. BUDDING (Eds.)
van de Kamp
M. Waldmeier
Einführung in die Astrophysik
Spectral Line Formation

第3章

二次元的手法

二次元的拡大——平面展開思考

INTRODUCTION

二次元のキーワードは「**展開・拡大**」である

平面拡大は、概要、次の3点に集約される

①自己の機能と他の機能を混ぜて新たなものを作る……複合作用
②機能を拡大し新たな機能の再構築を図る……………機能拡張
③自己の機能を他に転用して用途の応用を図る………用途転用

このために必要なことは知識を獲得して何処にどのような機能が存在しているかを知ることが極めて重要になってくる。

㉑知識探索と吸収

視野が狭いと思った時

▼探索──「異質の海」へ

創造は単独ではなく世にあるさまざまな要素を栄養としながら、自己の個性を確立していくことが必要である。

これは逆に言うならば、汎用的な知識、知見、経験を多くもっているほうが独創を発揮しやすくなるということでもある。つまり、独創とは、種々の知見から新たな有益性を開発することであり、自身のなかに蓄積された豊かな知識・経験を梃子にして創造するということでもある。

有益な「題材」は後から気が付くことが多い。「そうか、こんな方法もあったのでは」とならないために、幅広い知見を学んでおくことが必要である。

その意味において、知見を縦横に駆使するため知恵ともいえるリベラル・アーツは

重要な学力である。このリベラル・アーツの知識をもっていると、自身の目的に対し、どのように解決していくかという手法に役立つことが多い。大きな海原のなかで方向感覚が分からず溺れてしまわないよう泳ぎ方を学んでおくことも必要かもしれない。

人間は「最適解」を常に探っている動物である。そのため「考える材料」を必要とし、その材料となるのが「知識・経験」であり、これが不足していると有効な「解」を見出すことができないのである。

▼開発する

この開発行為が最も重要ではあるが最も難しい作業になる。如何なる手法が役立つのか、どのような材料が有益なのか、などの見極めが大変となる。

更に見極めが立ったとしても、制作が可能かという問題もある。また、最終的には経済的に成り立つかという問題も出てくる。このように開発行為には幾重もの困難が立ちはだかっている。

まさに開発行為は総合力を必要とする仕事になる。必要な作業を列記すると、

1．調査・検討

2. デモ構築・実験
3. 結果分析、検証
4. 意見聴取
5. 方向性検討

更に1～5の繰り返し

このようにしてバージョンアップを行っていく。意外と重要な行為は意見聴取にある。ともすると開発担当者は自分の考え、思い込みが強くなり方向性が狭くなってしまいがちであり、可能性を閉ざしてしまうことがある。これを開くのはさまざまな人の意見によってヒントが得られたり、新たな情報の獲得も期待できる。

▼知識の探索

書籍はすべてを読むことは困難なことが多いと思う。学力のための読書は別としても、教養のための読書の場合は精読は必要ないかもしれない。

しかしながら、著者はその本に、キーワード的な言葉をいくつか残している。それをどう読み取るかは、まさに読者の読解力によるのだが、黄金の一文字を読み取ることができれば、その本を読んだ価値がある。延々と述べた文章を一文字で代表しているからである。

逆に言うならば、その言葉の意味を述べるために、長々と一冊記述しているともいえるからだ。

その一文字が、あなたの人生を決定づけることだってある。

読書においてはインスピレーションを与えてくれる本を重視したほうがよい。

図書館にしろ、書店にしろ、優れた本が置いてあるのは作成の過程で優れた編集者がいたことが大きい。また選択する書店の識別もある。そういった書店や図書館に通ったほうがよい。古書で良書というのは図書館にあることも多い。目的によるが、新刊書と古書のバランスも大切かもしれない。

図書館で見た本で、優れたものがあったときは、自身で購入しておくことも有益である。後々役に立つものである。

電子版の本も普及してきたが、書籍本には敵わないのではないか。存在感がまるで異なる。もちろん使い道にもよるが。

いずれにしても幅広く有益な知識を吸収しておこう。

㉒拡張・拡大

解決策がないとき　部外から機能を取り込む

▼ブルース・クラギン方式

ＮＡＳＡの太陽フレアの予測精度を確実にしたのは宇宙物理学とは無縁のクラギンの「磁場再結合」の技術にあった。

本体技術から外れた周縁技術で補強することは技術の融合に繋がる。

ＮＡＳＡは太陽フレアの予測精度を上げるのに四苦八苦していた。これは放射線が宇宙にある機材・人間に悪影響を与えるためであったが解決方法に悩んでいた。これに解決を与えたのが引退した無線技術者ブルース・クラギンであったという。彼は理論とデータを組み合わせ答えを見つけ出したのである。[12] つまり、解決法の多くは「**部外**」にあることが多いのである。因みに三角形の解を求める時、三角形内ではいくら考えても解法は見つからない。しか

し三角形外から線を引いてみると解を見出せるのと同じ原理である。

人的能力にとっての拡張・拡大

能力拡張を実施するため、さまざまな職種についてスキルの内容を分解し、その要因を分析する。製作的職種、技術職、営業職などさまざまあるが、次のように分類できる。

能力（スキル）の要因分析

1. ニューメリカル・デジタルスキル（数的デジタルスキル）
数学、数理的技能
デジタル知識・プログラミング技能

2. ノーレッジスキル（知識・経験スキル）
学識・経験を通じた知恵や知識
学習を通じた知の集積と経験による学習

3. テクニカルスキル（技術スキル）
実務的なテクニカルな技能
技能的な生活的技能、技術的な職業的技能

4. クリエイティブスキル（創造性スキル）
美術・工芸・映像などの創作力
創造性を司る言語力、文章力

5. ヒューマンスキル（人間性スキル）
ポータブルスキルとも呼ばれる。職種を問わず汎用的に活用される。
対人力な協調性、説得力や主張力、課題に対する計画や行動。分析・推進する
能力。忍耐力や持続力、決断力などの能力や運動能力、健康力も該当する

6. マネジメントスキル（管理スキル）
組織を管理する能力になります。
5つのスキルを統括・管理する能力

１１４頁以降に職種別に要求されるスキルの重要性をグラフ化した。

例えば技術者は専門のテクニカル技術の重要性が高く、昨今需要の高いシステムエンジニアなどのソフト技術者においては数的・デジタルスキルの要請が高まっている。「製造業」に携わる人は担当する個別の製作についてのテクニカルな技術スキルをもっていれば仕事が遂行可能なことから、その他のスキルはそれほどの重要性をもってはいない。

しかし、販売業に携わる人はそういうわけにはいかない。

まず、販売に携わる商品知識、その商品を使ったときの経験的知識がまず必要であるし、営業的なテクニカル技術も必要である。更には対人折衝において人間の経験性、能力を見極める知見も必要である。また、管理能力と同時に、昨今は、ＳＮＳなどを通じたデジタル販売技術が必須になってきている。

更に教職・大学の教授や司法書士、企業経営者などの専門職に分類される人々は、その専門知識のスキルだけではなく、管理スキル、デジタルスキル、更にはヒューマンスキルに至るまで幅広いスキルを要請される。自身の過去の経験に基づく知見が独創力として力を発揮できるだろう。

不思議なことに独創力は、いかなるスキル分野においても発揮できるものであり、養った能力・経験は、その人の貴重なスキルとして輝かせることができる。つまり個性とは汎用性のあるものなのである。

以下6点 著者作成

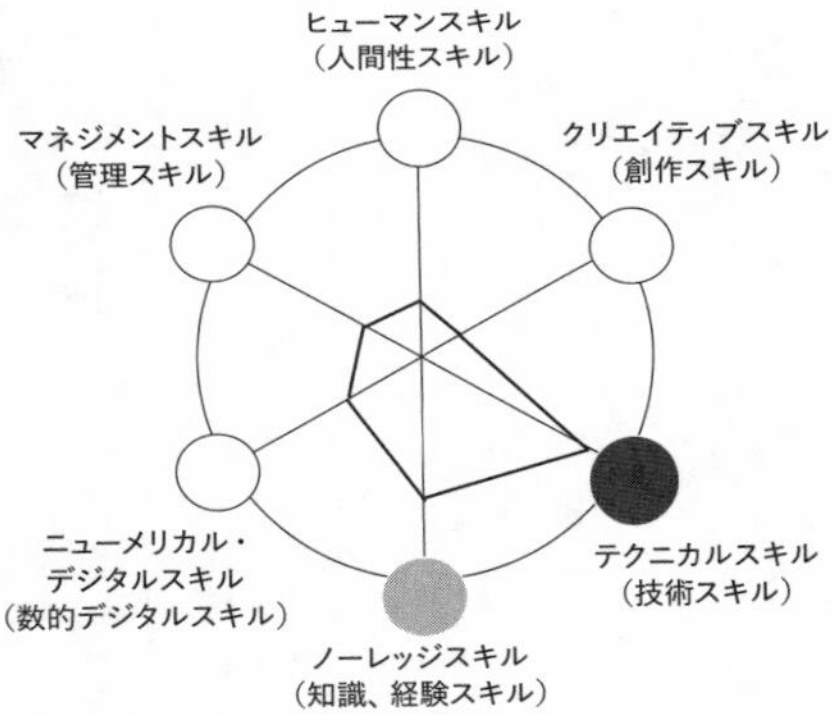

製 造 業

家電製造
自動車組立て
金型製作
旋盤加工
衣料品製作
建材、木工品製作

マテリアルに係るため
堅実特化した技術でも
可能

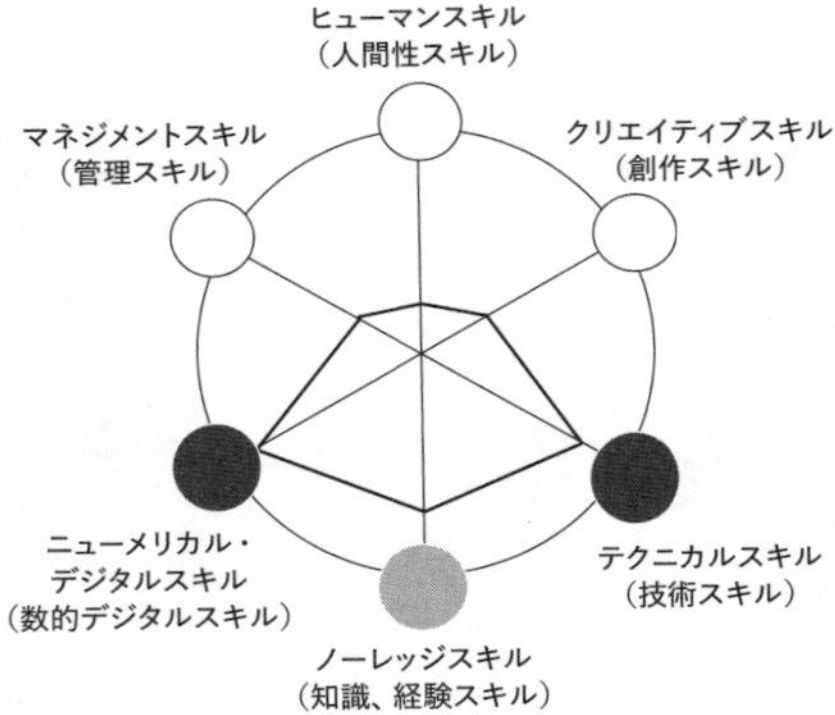

技 術 者

ソフトウェア技術者
ハードウェア技術者
システムエンジニア
WEBプログラマー
設計技術者
データサイエンティスト
自動車整備士
錠前技術者
家電,建築機器
設置・修理技術者

特定分野の技術に特化
することが可能

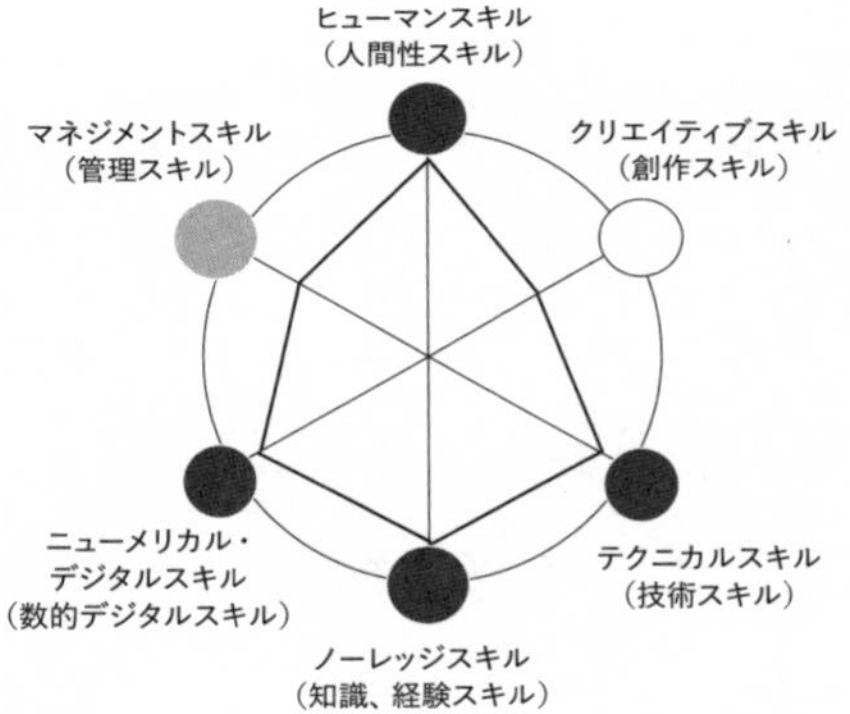

販 売 業

家電販売
食品販売
日用品販売
衣料品販売
通信販売

商品知識が必要
SNSなどのデジタル技術が重要になってきた
ヒューマンスキルも重要

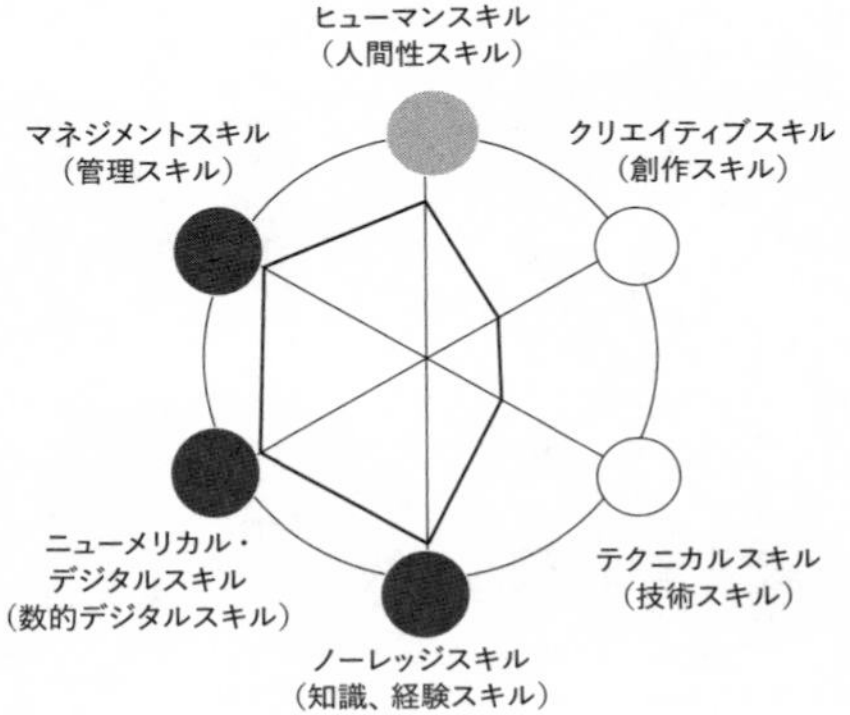

金融・ファイナンス

銀行員
証券アナリスト
保険外交員
ファイナンシャルプランナー
社会保険労務士
税理士
公認会計士

データを収集管理し活用するスキルが問われる
知識・経験の質も重要

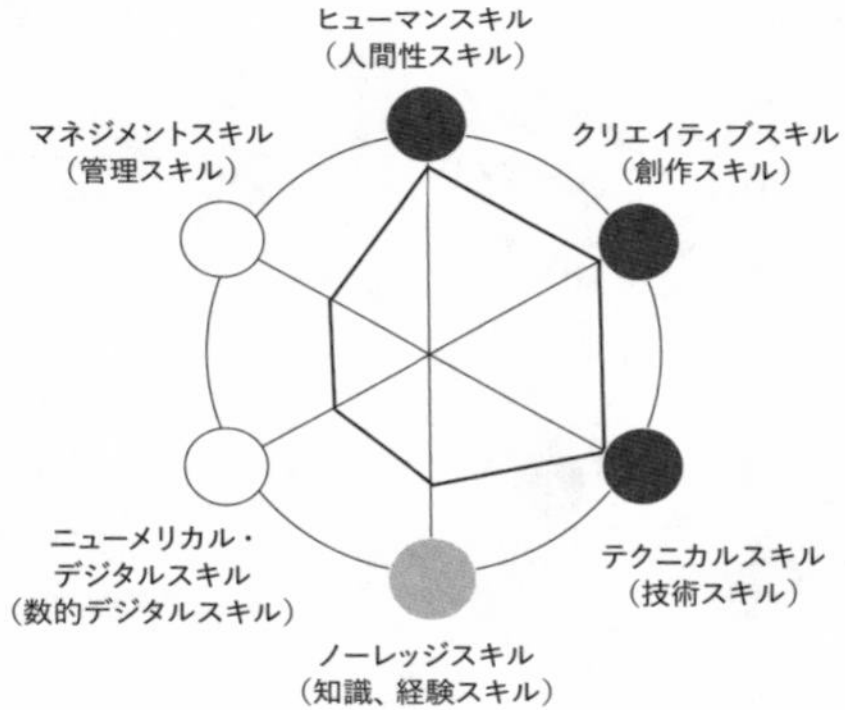

クリエイティブ

カメラマン
作曲家
アニメーター
コピーライター
グラフィックデザイナー
映像・画像オペレーター
ファッションデザイナー
美容師
化粧品スタッフ
服装スタッフ
エステティシャン
イベントスタッフ
美術・音響スタッフ
モデル
演出家

クリエイティブな技術とセンスに加え人間性の機微も要する

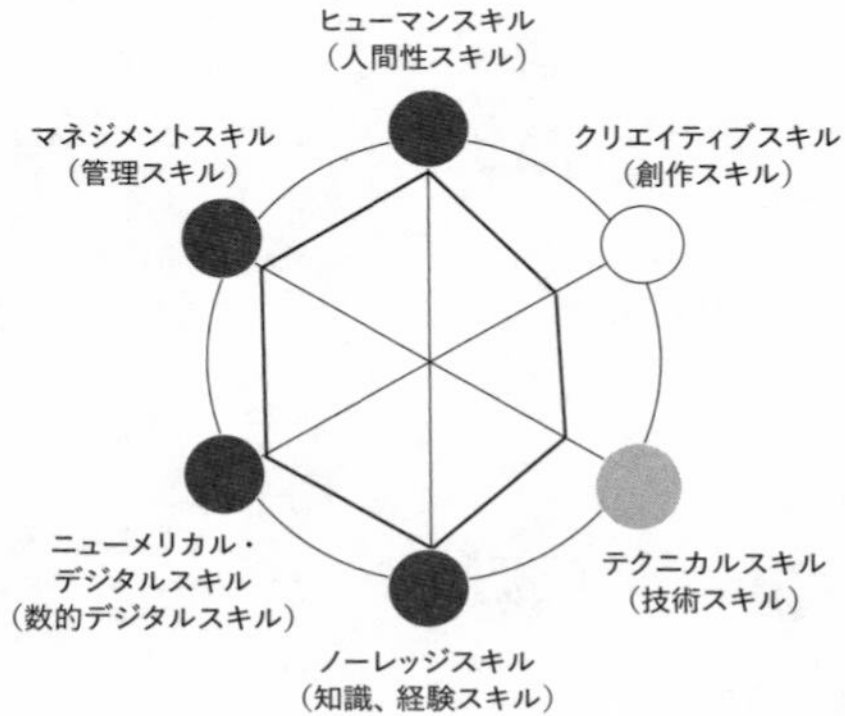

専 門 職

小中高教員
大学教授
幼稚園教諭
塾講師
外国語教師
国家公務員
会社経営者
弁護士
弁理士
経営コンサルタント
司法書士
警察官
裁判官
消防士

ソフト的、ハード的に渡る幅広いスキルを要する

▼50歳以降も「先端的技術能力」を上げる必要がある

50代・60代になった時あなたのスキルに競争力はあるであろうか。

今、産業界で最も問題になっていることでもある。この年代になったとき、経験は多く積んではいるが新しいスキルが追いついていないという問題である。

テクニカルスキル(技術スキル)、ノーレッジスキル(知識・経験スキル)マネジメントスキル(管理スキル)のこれらスキルは仕事・職業を通してほぼ身に付けることが可能である。しかし、ヒューマンスキル(人間性スキル)とクリエイティブスキル(創造性スキル)そして、ニューメリカル・デジタルスキル(数的デジタルスキル)についてはそうはいかない。それは人間の創造性と知恵に深く関連しているからだ。発揮しようとしても簡単ではない。

対策と提言

① 業務のなかの**テクニカルスキル**を通じて知識・経験スキルを磨いておくことである。テクニカルスキルは種類が変わっても応用が利くという性質をもち、ノーレッジスキル(知識・経験スキル)と連動している。機器の修理とかソフトの対応など業務を通じて新たなバージョンアップを図っていくことが重要であり、高年齢になった時点においても競争力を保持できる。平たくいえば「手に職」をもち、価値

を高めるということである。

② 高い役職に就いたとき経営管理能力は高まるかもしれないが、実務的なテクニカルスキルや知識・経験スキルを磨く機会は減少するであろう。将来を考えたとき、配置転換は前向きに捉え、新たなスキル形成に挑戦することも重要な選択なのである。

③ ニューメリカル・デジタルスキル（数的デジタルスキル）は、昨今ますます重要になってきた。プログラミング、統計学も含まれる。微分・積分や行列・関数などの基礎数学は、経済学・金融や工学のみでなく、最近よくいわれるＡＩ（人工知能）ディープラーニングの基礎理論として用いられる。しかしながら、この数学は、学校で最も苦手な部類に入る数Ⅲの学習に組み入れられている。

ＳＮＳ構築の難しい操作においてもデジタル技術は競争優位な技術になっている。

▼「もう一つの専門分野」をもつことの重要性

もし最悪、あなたの職場が倒産したり消滅した場合、転職においてスキルが活かせれば問題ないであろうが、そうとは限らない。例えば一般的な営業や接客業であったとする。この営業経歴をキャリアとして活かせる道はそうそうあるものではない。活かせるとするならば、「その業界の詳しい情報」や「業界での人脈」が有力なキャリアとして売り込めるであろう。

最も重要なことがある。

それは企業内において新規開発、異業種開発などを行おうとする場合、既存のスキルや組織内の知見だけでは到底適応できないのである。つまり新しい技術を導入、実装するためには、新たな発想とともに即戦力となる技能が必要となる。その時に必要となるのが従来と違ったスキル、知見が必要とされる。そのため学校などへ行って自分を磨いておくことは大きなPRとなる。

「相乗効果」という名前が示すように、発想の基底部でさまざまに寄与する。例えば、歴史上の文化に造詣が深かったとする。技術というものがさまざまな複合的な人間関係や工夫から成り立ってきたという歴史知識が知見として身に付いている。つまり「人との係り」が意外と重要であるということが分かっているのだ。このような知識は生涯にわたって貴重

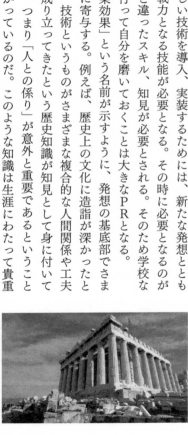

年代にみるスキル力のモデル

	20、30代	50代以降
ヒューマンスキル	対処、経験度が少ない 柔軟性はある	経験度はあるが 柔軟性は年齢とともに 低下する
マネジメントスキル	経験知が少ない 経営学的知識として もつことは可能	経験度は大きい **知識を刷新する**必要が ある
数的デジタルスキル	デジタル技術保持は 個人差あり 理解力は高い	汎用的スキルは 豊富にもつが **最新スキル**は少ない
知識・経験スキル	学識の最新性はある 経験度は低い	**学識**は古くなっており 学び直しが必要 経験の積み重ねは豊富
テクニカルスキル	実務の技術スキルは 少ない	技術スキルは 職務を通じて 豊富にもつ
クリエイティブスキル	個人差がある	個人差がある

著者作成

な発想基盤となって身に付いていく。

このようにスキルは一つではなく、できれば二つ三つ身に付けておくことは非常に武器となって力になってくる。

単立なピサの斜塔から、パルテノン神殿のように多立で重層化しておくことはよいことなのである。

50代以降も優位な人材へ

中高年者は、実務経験、管理能力の経験を積んでおり汎用的なデジタルスキルも知識が豊富である。また長年の業務を通じて人脈を豊富にもっている強みがある。しかしながら、最新の学識やプログラミング知識などのデジタル知識は総じて不足しており、ヒューマンな対人折衝力や経験力は豊富にもつものの硬直的な面も併せ持ち、柔軟な対応が求められている。最新の経営学スキル、数的デジタルスキルなどの学び直しを行うことにより、これらの欠点をカバーすることができ、組織において大きな戦力となるであろう。

これから来るであろうＡＩの時代においては豊富な実務経験と最新デジタル技術の両方の技能を必要としている。

定年後になってから起業を志し実行してもほとんどは失敗するという。成功する人は40代50代から準備し心掛けている人である。

・大学院大学で専門知識を学ぶ
・独学で数学を学び直す
・プログラミング関係の講座を取得する

40代以降、これらの学習を積極的に挑戦すべきであろう。

㉓情報活用と接点

情報は接点拡大のためにある

▼高品質な情報収集の仕方

■図書館の利用

図書館のよいところはたくさんのアイテムが揃っていることであろう。

書籍はもちろんのこと、各種新聞、雑誌、電子媒体など、大体なものはある。これらを利用しない手はない。検索でほしいものはその場で探すこともできる。特に、月刊誌などはここで読んだ方がよい。かなりの情報収集になる。

私は論文を書くときは図書館で7~8冊まず借りてくる。大まかな概要をつかむ意味ではOKである。

■官公庁資料

官公庁資料は、統計資料が多く、客観性・信頼性が高く、ほとんどがWEB上で公開されている。官公庁の資料をチェックすることで、まずは調べたい業界や生活者意識の動きを大きく把握できる。

■新聞・雑誌記事

政治・経済界のみならず業界の動きや、個別企業の情報、更には文化、論説など幅広く把握することができる。広告掲載のなかでも貴重な情報が出ている場合がある。

■シンクタンク・民間調査会社資料

データを多く収集し、まとめているため、業界動向の概要をつかむことができる。先端動向のテーマなどが取り上げられることも多い。メーカーなどへの取材に基づき、作成された資料もあり、統計データや企業シェアやランキング、長期予測データなどを載せている。官公庁の統計ではない産業や企業シェアといった情報が多くある。

技術資料

▼特許公報

特許情報は先端技術情報を知る意味において重要である。キーワードを入れることによってどのような特許が許可されているかを知ることができるからだ。(特許情報プラットホーム)

技術には、さまざまな特徴があるので、一つの特徴的な文字を入れて検索すると閲覧できるようになっている。

例えば「断熱」に関する知見を知りたければ断熱の文字で検索すれば過去掲載された特許が閲覧できる。これは非常に優れており、表題が断熱で出ていなくとも内容に断熱に関するキーワードの多さによってデータベース化していることに

よっている。

特許情報プラットホーム　https://www.j-platpat.inpit.go.jp/

▼「論文の調査」には「CiNii」が欠かせない

論文作成においては過去の知見を知っておくことは必須なことである。過去の研究者の論を採用しながら、批判し自己の論を構築していく必要があるからだ。

CiNii 学術情報ナビゲータ ―［サイニィ］

論文、図書、雑誌や博士論文などの学術情報を検索できるデータベース・サービスである。

文献や研究データやプロジェクト情報など、研究活動に関わる多くの情報を検索できる。

CiNii　Articles ―「日本の論文をさがす」

学協会刊行物・大学研究紀要・国立国会図書館の雑誌記事索引データベースなどの学術論文情報を検索できる。

CiNii Books —「大学図書館の本をさがす」
大学図書館の本をさがすでは、全国の大学図書館等が所蔵する本（図書・雑誌）の情報を検索できる。
CiNii Dissertations —「日本の博士論文をさがす」
日本の博士論文をさがすでは、国内の大学および独立行政法人大学評価・学位授与機構が授与した博士論文の情報を検索できる。

「検索」による情報収集は、企業などによる商業広告も多く、公共的な特許公報とかCiNiiなど公的、良質な情報元をもつことが重要である。

一見して良質な情報のように見えても、その情報の元、根拠、信頼性などを厳しく確認しておく必要がある。更にその情報を正しく判断するための自身の知識を磨いておくことが最も重要なこととなるであろう。

更に情報は二次情報ともいえる情報を受ける中間者が情報をどのように判断するかによって伝達の途中で大きく変化してしまう。情報の受け取りにおいてこれが最も注意すべきことである。

CiNii（サイニィ、NII 学術情報ナビゲータ、Citation Information by NII）
国立情報学研究所（NII, National institute of informatics）が運営するデータベース群。
https://cir.nii.ac.jp/

▼グローバル・広範な情報収集に努める

世界の情勢、経済の動きや、業界、社会の状況を知ることは課題設定のための援用となる。社会課題は変化し、人々の要求は時々刻々変わっている。新聞情報、雑誌やネット情報、友人・知人などとの交友は大切である。

情報には役割としての階層があり、次のように分けられる。

1次情報 ……… 現地での元情報
2次情報 ……… いわゆる情報網。情報を収集し伝達する技術
3次情報 ……… 収集した情報を吟味し、有益なものにする技術
情報の価値を判断する能力が重要。

情報の発信はHPやSNSなどにより、最近はかなり多用な情報発信ができる状態となってきた。

接点を広げる

▼経営者と従業員のミスマッチ

一握りの経営者が従業員何十人何千人の内情、脳力を知ることは不可能に近い。そのため組織が存在しているにしても、一人ひとりの能力・スキルをどれだけ掌握しているのか甚だ疑問がある。このため高齢者に対しては過去の経験・業歴をもとに勝手な能力判断が個々になされ、隠れた能力はともすると埋没したまま定年を迎えることになる。かといって従業員側も殊更、自身の能力をさらけ出そうとはしないし日々の業務に邁進するだけとなる。

経営側が望んだスキルを従業員が習得したことで、そのまま企業の業績向上に寄与すれば、それはそれで良しとなるが、そうとは限らない。異次元的、部外な技術が会社を救ったり立て直すことはよく聞く話である。一線を離れている経営者よりも日々前線で活動している社員のほうが実情と問題点は把握している。このミスマッチを埋めるため「提案制度」なるもので情報収集を行っている企業に居た場合は幸運といわなければならない。そうでない場合は個々の従業員側の情報発信で補うしかない。かといってこの行為は簡単ではない。日々の思考と研究が欠かせないのだ。

時に問題事項は発生することがある。問題とはいかずとも改善したいことはあるはずだ。その時々にメモを取ったり、改善方法が頭に浮かぶはずである。これらをまとめて「論文」にすることを提案する。論文といっても難しく考えることもない。一定の形式はあるにしても「提言事項、問題点、事例、改善点」などが含まれていればよいのである。さまざまな論拠を入れるため勉強も必要となるであろう。独りよがりの文では説得力に欠けるのであり、根拠を提示することが重要となる。この作業がスキル向上の肝となる。あとは提出のタイミングをみて提案すればよい。経営者は提案をする社員を重く見るであろう。決して軽くは見ない。

㉔関係力とスキル

スキルを活かす方法が分からない

▼スキルが力を発揮するには、関係力が重要になってくる

スキルとは一見単独な機能のように思えるがさまざまな事象との関係性を強化する

と輝いてくる。これは自己の周辺から必要なものを引き付ける力、与える力をもつことによってスキルは力を発揮するからである。例えば営業力をいかに磨いたとしても、連携や行動力が伴わなければ力は発揮できない。運転技能がいかに上達したとしても土地感覚や判断機能が低下したなら事故に結びついてしまうであろう。

関係力を磨くには三つの軸がある。

1. ヒューマンスキル

人間関係力ともいえる。
優れた人間関係を構築していくことが業務推進のすべてであるといってよい。説得力、説明力、折衝力など人間関係を構築していくスキルは重要である。

2. 連携力と行動力

ネットワークや協働化、開発的試行錯誤は連携によって醸成され、確実性を増していく。早期にリリースし、市場の反応を吸収して改善を行い、バージョンアップが可能になる。

更に販路の確保についても情報発信・SNSの活用などを駆使した連携が重要である。

特にブログや最新のSNSの利用は効果が大きい。

情報収集と技術の展開融合という面において、人とのかかわりを通し、新しい商品展開や商品開発の芽が生まれることがある。延いては、それが独創性を深めることに繋がる。

さまざまなアイデア、戦略があったとしても、実際に行動がなければ成就していかない。

「調査」し「試行」し「形成と廃棄」を繰り返すことによって基盤が作られていく。

3. ソフトパワーとハードパワーをもつ

独創を形成する方法として、ソフトパワーで勝負する方法とハードパワーを用いる方法がある。例えば、職種的には次頁のような例がある。

しかし、このように厳密には立て分けられない。各々多少なりともソフト機能、ハード機能を含むからだ。
人間が行う仕事・行為は「テクニカル操作」が主体である。ハード的な行為といってもテクニカル操作が主体になるといってもよい。

〈ソフトパワー〉

・専門職　語学教師、編集業、会計士、税理士、情報処理業
・文化的職業　著作家、画家、伝統工芸

〈ハードパワー（テクニカルパワーとマテリアルパワー）〉

・機器の製造
・運転手

〈ソフト・ハード複合パワー〉

・機器の設計・監理、製造とメンテナンス
　データ収集と分析を行い、ＩＯＴ基盤サービス
　ハードである現場データをソフトの強化に繋げるもの
・建設、インフラ事業

・特殊専門職

医師、介護士、看護師、教師、調理師

テクニカル性は、マテリアル（物質）を介在する場合が多い

つまり人間の行う仕事は、ソフト的とテクニカル的とマテリアル的という関係性をとる。

例えば運転手やスーパーのレジ作業はテクニカル性が強いが。プログラマー・情報処理技術者などはソフト的な要素が強い。

ここにマテリアル的な要素が介在してくると、少し性格が変わってくる。マテリアル的スキルは加工を行い、変形が発生する作業である。このマテリアル的スキルは、いわゆる製作・加工という操作になるが、かなり性格が異なってくる。

これらのスキルのなかで最も力の発揮するのは、ソフトとテクニカルとマテリアルの3機能を含む場合である。

設計作業を伴う部品製造、例えば金型製造とか、家屋、ビルなどの建築作業は、個々の建築仕様に基づいて、ソフト的な作業を行い、テクニカルの製造過程を経て、製造物であるマテリアルの提供を行っていく。ソフトの作業なくして製品の決定はできな

職種のソフトハード性

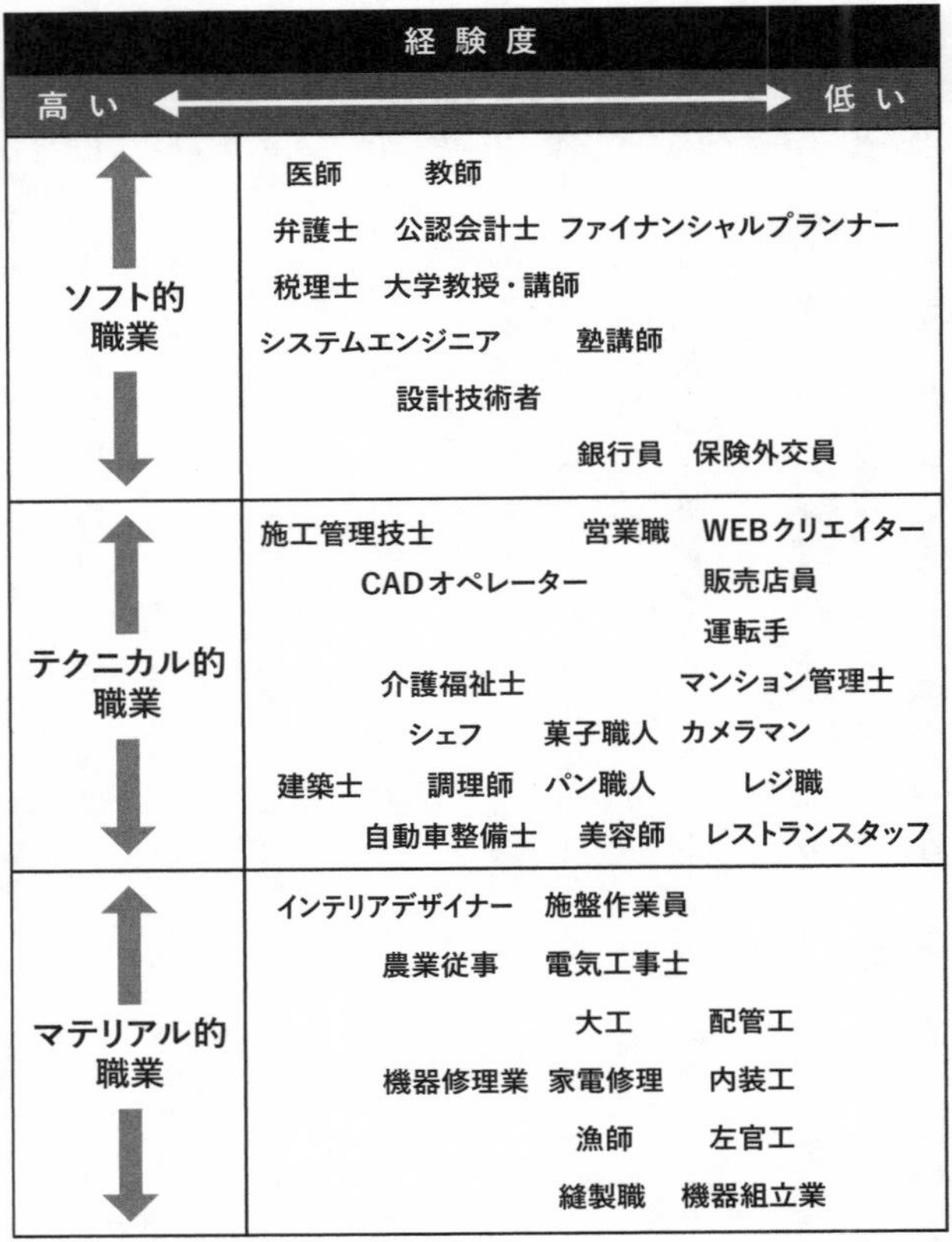
経験度
高い
低い
ソフト的職業
医師
教師
弁護士
公認会計士
ファイナンシャルプランナー
税理士
大学教授・講師
システムエンジニア
塾講師
設計技術者
銀行員
保険外交員
テクニカル的職業
施工管理技士
営業職
WEBクリエイター
CADオペレーター
販売店員
運転手
介護福祉士
マンション管理士
シェフ
菓子職人
カメラマン
建築士
調理師
パン職人
レジ職
自動車整備士
美容師
レストランスタッフ
マテリアル的職業
インテリアデザイナー
施盤作業員
農業従事
電気工事士
大工
配管工
機器修理業
家電修理
内装工
漁師
左官工
縫製職
機器組立業

著者作成

いし、製品の仕様はソフトに影響を与える。

また、調理師さんもそうである。メニューやレシピというソフトな仕様に従って、完成食品というマテリアルを提供すべく、調理というテクニカル操作を駆使することになる。

まさに、ソフトとテクニカルとマテリアルは切っても切れない関係にある。

ファミリーレストランにおいての調理師の存在は、定型的な作業でのテクニカル性が強い。しかし規模の小さい個人的食堂においては、さまざまなメニューを試行できるソフト性の強いテクニカル業務を行いうる。ここにおいては、独自性や新規性を発揮し易いであろう。味がよければ社会価値性も満足することができる。

営業部門であったとしても同様である。商品というマテリアルなものを売るテクニカル業務といえるかもしれない。単にお客さんの前で商品のよさをまくし立てる営業ではその感が強い。しかし、お客の要求性をよく知り、自社商品の特徴・使用事例に精通するならばソフト的な業務を遂行できる可能性が高い。

日頃のお客との対話の中で、自社の商品に大きな改善余地があるならば、会社トップに意見具申も可能である。新規性・独自性を発揮できる可能性もある。テクニカル業務からソフト業務への拡張である。

手軽に始めるフリーランス

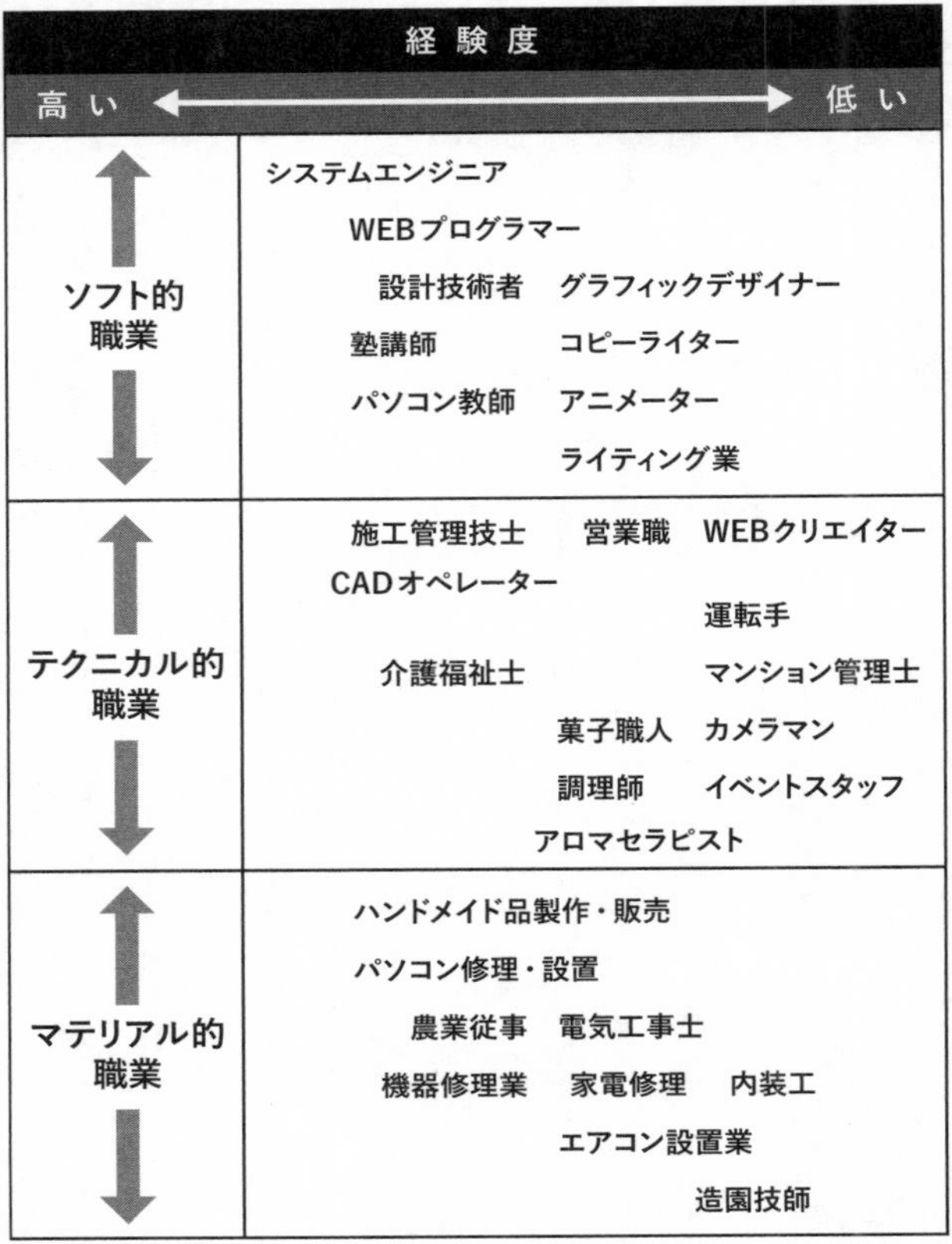
経験度
高い
低い
ソフト的職業
システムエンジニア
WEBプログラマー
設計技術者
グラフィックデザイナー
塾講師
コピーライター
パソコン教師
アニメーター
ライティング業
テクニカル的職業
施工管理技士
営業職
WEBクリエイター
CADオペレーター
運転手
介護福祉士
マンション管理士
菓子職人
カメラマン
調理師
イベントスタッフ
アロマセラピスト
マテリアル的職業
ハンドメイド品製作・販売
パソコン修理・設置
農業従事
電気工事士
機器修理業
家電修理
内装工
エアコン設置業
造園技師

著者作成

現在、フリーランスという職が重要になってきた。自身が経営者となって事業を遂行していく立場になる。今後この業態は増えていくであろう。「手軽に始めるフリーランス」として前頁で紹介する。

㉕複合化・集積

ブライアン・アーサー方式
新たに機能を生み出す

「何かを発明するとは、
すでに存在しているものの中から見つけだすこと」[13]

W・ブライアン・アーサー

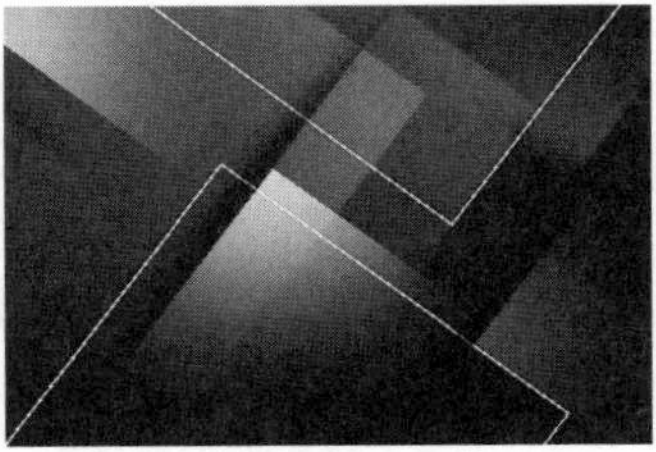

「組み合せ」を行うことはイノベーションの基本であり、独創の重要な手法になる。複合化は、二次元的に機能を集合する技術であり、イノベーションの基本的手法である。個々の機能は単純ではあっても複合によって革新的な効果を現す。例えばPCR技術は単発な技術ではなく、さまざまな技術の集合技術である。

▼機能を複合化

①PCR技術

PCR技術を簡単に説明すると、まずコロナウイルスはRNAウイルスなので、逆転写を行いDNAにする。遺伝子は二重らせん構造しているが、熱を加えると2本鎖のDNAから1本鎖のDNAに分離する。次にDNA合成酵素（DNAポリメラーゼ）を使って片側のDNAを合成していき元の2本鎖のDNAを作っていく。そして遺伝子が2つに増やすことを繰り返すことで大量のDNAを作っていくのである。

増えたDNAに標識をつけておき視覚的にわかりやすくして検出する。これがPCR検査法である。この技術は逆転写や合成酵素使用などの単純技術を複合化した技術である。科学者、キャリー・マリスが発見したPCR技術（ポリメラーゼ連鎖反応）は、反応を発見したとき、もう少しでゴミ箱入りにしてしまう技術であったと告白している。

あまりにも簡単な技術で、生化学分野ですでに知られていた手法を組み合わせた手法にしか過ぎなかったからである。[14] しかし、これが素晴らしい価値をもっていることは現在、世界中で認められるところである。

②インターネット技術

情報化社会を導いたインターネット・WEBは、通信プロトコルTCP／IPとマークアップ言語HTMLそしてブラウザと呼ばれるソフトウェアが合体した技術にしか過ぎない。しかし、これらを組み合わせることによって世界に革命をもたらした。このように機能の複合化は独創性への基本的方程式である。

③「ソニー」の複合化技術

①映画などのプロ向け制作の活用のために、ドローンにソニーの一眼カメラαを装着し複合化した

②エレキと音楽を複合化し、原作小説を立体音響技術で音声ドラマ化する

つまり、音楽×小説×エレキ技術の複合化によるサービスである。

このような「新結合」により新たな革新性ある商品を生んでいる。

別に自社内で複合化を進めているだけではない。競合会社であるマイクロソフトのクラウド技術と提携し、ソニー自身のセンサー技術と組み合わせ人工知能の処理機能を搭載した画像センサーを発表した。小売業や製造業の現場データ分析に役立たせる方向という。

まさに画像センサー×AI×クラウドによる商品開発である。

④日用品における複合化

ダイコン、ニンジン1本は、100円位はする。卵1個も20円位であるが10個で200円位にしかならない。しかし調理して弁当にすれば、材料は一部でも500円ほどになる。粗利は70%位にもなる。消費者が、味とか便宜性に、その価値を認めるからであり、新たに複合的な素材を見出せば、更に評価を得る。

工芸品、機械部品、多くの製造品は単品よりも組み合わせて複合化することにより、機能、価値があがってくることが多い。家電製品、エアコンも従来の冷暖房機能だけにとどまらず、換気機能やウイルス防菌機能が付随されるようになってきた。そこには消費者に健康・安全を提供したいという独創性を見出すことができる。

⑤操作性・テクニカルの複合

この機能は複合化機能とも関連する重要な機能である。周辺的に存在する技術を集合し操作的な機能を高める技術である。インターフェースなどを工夫して操作性、効率性を高めることも含まれる。この機能で最たるものはロボットであろう。ロボットはプログラミング、情報処理機能とも関連性が深い。さらにセンサー技術の進展、画像処理技術などにより、自動運転分野において今後、長足の進歩をとげるであろう。

このように操作性・テクニカル機能は、工学的なインターフェースの機構を用いるが、掃除ロボットなどの家電、介護や、その他建築分野に至るまで、電子機能などとも連動して、最も注目される技術となるであろう。

その意味においては、他分野との連携・複合化が進展していく機能分野である。

⑥フィジカル世界とサイバー世界の連結

最新の建機にはセンサーやGPSを装着して遠隔で稼働状況監視や機械のロックが可能な仕組みを構築してある。しかしながら、現場においては多種多様な機械が稼働しており、ボトムネックが生ずると最適な運行にはならない。そのため、個々の機械がもつデータを標準化・一元管理しプラットホーム構築が必要になる。先端現場はここまで必要性が高まっている。このプラットホームを介してサイバー側のアプリケーションによってさまざまな機能をエンドユーザーに提供する機能をもつ。これによって全体最適化という効率が生み出されていくのである。

つまり、フィジカルという現実の場所とサイバーという世界の技術を連結し、全体最適という好循環を作り出しているのである。この機能の連結という手法は建設現場、製造現場において広く使用されていくであろう。

⑦生活機能の複合

技術の複合化だけが複合ではない。**生き方の複合化**がある。

［居住］＋［資産形成］＋［自然と精神安定］という生活思考

私は通勤の利便性もあって、長い間マンション生活を送ってきた。若い時は賃貸でいろいろな場所を経験するのもよいのであるが、ある時期、思い切って一戸建て住宅を購入した。住居は利便性だけで考えると誤ってしまう。

住居費（ローン）は賃貸とほとんど変わらない。一戸建てのよさは第一に自分の設計思想をふんだんに取り入れることができることである。基本設計は自分で行った。人生

100年時代、定年後30年を賃貸で生活するのは耐えられないと思った。ローンが終われば居住費はゼロに近い。マンションもいいが、利便性がよくないと資産価値は低い。その点一戸建ては確実に土地という資産が残る。老後資産の原資にもなり得るし、基盤的な安定感を得られる。ポイントは長く持つ良質で小さい住まいが老後の負担にならない。

計算はこうである。賃貸も一戸建ても大体月当たり14万円とする。一戸建ては大体半分は土地代である。月々7万円で土地代を支払うことになる。住居部は7万円である。安いと思う。土地代で7万円払うのはもったいないと思ったらそれは単純だ。貯金していたらインフレで30年経ったら金銭価値は下手したら半減してしまう。土地資産は、売るとしてもその時の時価で売れる。一種の投資と考えてもよい。

一戸建てに移って、思わぬ変化が起こった。家に寄り付かなかった娘が家にいるようになったのである。居心地がよいのかもしれない。庭に花壇を作ったり、花を植えるようになってきた。自分の小遣いで買っているので文句も言えない。我が家はネコを飼っているがペットも飼いやすい。地べたに接して生活しているのは精神的にも健康的にもよい気がする。それにマンションでの階下や階上の生活音の苦情なども皆無であるし、長く居住していると、必ず階上からの水漏れ事故は覚悟しておかなければ

「居住形態の費用比較」モデル

	賃貸	マンション購入	一戸建て購入
月々の費用	12～15万 （賃貸料） 物件3LDK	11～14万 （ローン） 4500万の物件	11～14万 （ローン） 4500万の物件
生涯の費用	13×12×35＝5460万 （老後） 10×12×20＝2400万	12×12×30＝4040万 （30年ローンとして） ＋頭金900	12×12×30＝4040万 （30年ローンとして） ＋頭金900万
管理費	月間＝管理費0.8万 生涯＝0.8×12×55 ＝528	月間＝1.5万 生涯＝1.5万×12×55 ＝990	配水、機器などの 補修として年間 10万×55＝550万
メンテナンス費用	10年で30万として 30×6＝180万	（修繕積立金） 月1.0×12×55＝660万 ＋α（一時金） 機器の補修、年間 5万×55＝275万	（外装費用やメンテナンス） 150万×2回＝300 途中で大補修500万
固定資産税	なし	年間15万×55年 ＝825万 （評価額×1.4%）	年間15万×55年 ＝825万 （評価額×1.4%）
車庫費用	1.5×12×40＝720	1.5×12×40＝720	なし
生涯の総費用	**8570万円＋ 車庫費720万**	**7690万円＋ 車庫費720万**	**7120万円**
残資産	なし	800～1500万	1500～2000万 （土地）
実質負担	8570万	6500万	5320万

著者作成

ならない。管理費2～3万円などという出費もないし、車の駐車費も掛からない。固定費が安いのである。

一戸建て生活はお勧めである。居住と資産形成と自然回帰の複合化である。

㉖可視化による直観

見える化で効果を出す

▼微細化・拡大性により形状変化

半導体は微細性を高めることによりスマホなどへの利便性を高めてきた。また、内視鏡カメラにおいても寸法縮小化により医療への応用が拡大している。

顕微鏡を応用した測定機能は微細な精度向上に寄与し部品測定の省力化に役立っている。

デザインの刷新は平面効果の最たるものであろう。

広告効果、文化効果など大きな影響をもたらす。

▼テクノロジーを美に取り入れる

紫外線を当てると色が変わったり、模様が現れたりする現象を応用して「再帰性反射」という現象をファッションに応用する試みもある。「アンリアレイジ」がパリコレクションに発表したドレスであるが、受けた光を同じ角度で光源に跳ね返す現象を素材に取り入れたものだ。当てる光の強さや角度によって色や輝きは変化し、見え方は見る側の見方によって異なる。「エマリーエ」のデザイナーは、過去にデザインした５００着のドレスをＡＩに学習させる試みを行っている。例えばスカートと貝の画像を学習させ、新たなシルエット調の流れる図柄を作成している。また、西陣織の経糸《たていと》と緯糸《よこいと》に樹脂などを流し込むなどして新たな感覚を取り込む「織組織」のパターンをコンピュータで試行する手法も行っている。このようにテクノロジーを用い新たな衣服を生み、新たな美の形が追求されている。[15]

▼客観化と定型化で説得力を

毎日行っている業務は、上司にはなかなか理解されないこともなかにはあるであろう。

こうした時、自分の業務を「見える化」して「業務モデル」をつくってみることをお勧めする。例えば、新しい仕事の業務が複雑でなかなか自身で整理ができなかったとする。そこで、業務内容をA４で、図表を用いながら数頁位でモデル化する。自分自身が休暇を取ることがあったとしても明解に仕事が進むようにする。この手法は評価を受けやすいし、その後の仕事がスムーズに進んでいくであろう。

これは**あなたの独創化**になる。あなたの高評価に繋がるだろう。

これは理論的根拠を深めることでもある。

経験に根差したものほど理論的根拠で補強しておくことが必要である。

また、既存の深い知識を学ぶとともに新たな知見を取り入れ組み入れておく必要がある。

このようにモデル化を行うことは「見える化」には有効である。何も新しいものを作り出すだけが独創ではない。

㉗用途転換と循環

同じモノではあったとしても、他の用途に変換することができる。例えば、自転車は普通には移動手段であるが、負荷機能を付ければアスレチック用の用具に変換できる。固定観念にとらわれていると一定のモノの製作だけで終わってしまう。少しの発想の転換で大きく利用価値を広げることができるものだ。

これは、複合的な効果という意味でもある。例えば、防音効果をする意味で複合ガラスにしたところ、断熱効果も併せて発揮できたというのはよくいわれるところである。

製造業者は、今後製品のライフサイクル、すなわち原料材料の始まりから最終的に廃棄されるまでの全過程において責任をもつことが一段と求められる。SDGsという観点もあるにしても事業の継続性においてリサイクルという観点が重要になってくる。高度な製品に使われる材料のなかには希少材料が多い。電子機器、自動車、電池、家電などには金、銀、ネオジウム、イットリウム、ジスプロシウムなどの材料を回収するアーバン・マイニング（都市採掘）という一つの大きな産業となるであろう。

㉘「場」の重要性

▼新しい可能性を求めたい時

人間、その場にいることが重要である。その場にいれば、さまざまな接点に巡り合える。直接の情報に会える。直接に経験できる。専門家から直接に知見を得ることができる。直接に疑問点を質問し解決が早くなる。すべて現場にいることによって可能となるのだ。

経験はその現場に居て直接に体験することによってしか得ることができない。人生の難題はここにあるといってよい。人生を活かすも殺すも、その場にいるということが大切だ。

少し違っても将来のキャリア形成のため経験を積むという考えもあるかもしれないが、もし自分の目標と大きく乖離しているならば、早晩、解決しなければならないだろう。

これらの判断は年齢との相関関係を考慮する必要があるであろう。年齢が若ければ、大きな変化は可能である。体力もあるし失敗は取り戻せる。

月々、収入が20万円以下で、技術・スキルも磨けないような環境であるならば転職し、新たな場を求めるべきであろう。

二次元的手法 まとめ

○二次元的に平面拡大するには知識の獲得が最適解に繋がる

○とりわけ基礎学力である、数学、語学、哲学、科学、芸術などのリベラルアーツは学習の基礎知識として大切になる

○異質の海への探索は開発力を高める上で重要である

○ソフトパワー、ハードパワー単独では効果は低く、これらを統合した能力開発が大切であり、テクニカル性を高めることが重要である

＊　＊　＊　＊　＊　＊　＊　＊　＊　＊　＊　＊

ここまでの対策であなたの可能性は格段に高まったことであろう。平面拡大はそれほど重要なのである。しかし、あなたの本当の能力はこんなものではない。あなたの本質的な能力は暗黙知、あなた自身が気が付いていない深底部に眠っているのである。

第4章
三次元的手法

三次元手法のキーワードは「深化・融合」である

INTRODUCTION

なぜ三次元的手法が必要なのか
それは内容の深化と強度の増進にある。
炭素配列は結晶化が進み立体化が進んだ時
ダイヤモンドにもなり得る。

㉛ 生活システムの改革

もし病気がちだったり、家族との関係がうまくいっていなかった場合、何かしらの生活習慣の過ちがある。大事に至る前に手を打ったほうがよい。

年齢とともに変えていかなければならないこともあるし、環境の変化もある。健康問題は食事の要素もあるし、運動の必要性もある。職業の問題は家庭の根幹にかかわることなので重要な問題である。更に家族への配慮も欠かせない。時々チエックをしながらマンネリに陥らないことが肝要である。

「アーキテクチャ」を作りかえる

アーキテクチャとは「構成」を意味する。経営の分野では、アーキテクチャをビジネスモデル、構成、仕組み、構造、構築という意味で使われている。システムより上位概念であり、昨今のネットワーク化したエコシステムも、アーキテクチャである。なぜ、構成が重要なのだろうか。それは、「価値は構成から生まれる」といわれる概念があるからである。つまり日々の業務を遂行するシステムの中に「利潤を生む土壌」というものを含むからである。

製造現場で行われている製品アーキテクチャとは、例えば自動車のような製品をサブシステムに分解し、これらの関係をいかに定義付けるかという設計思想のことをいう。この設計思想という考えは、個人にとっても適用できる重要な概念である。

例えば、卑近な例でいえば料理のレシピがある。個々の材料の準備から下ごしらえ、下味作り、そして調理へと進む。パスタ作りであれば、野菜を刻んで準備し、オイルに加熱しながら下味を付けていく。パスタ作りの難しさは、最後に野菜と麺を混ぜるタイミングと温度、そして混ぜ方にある。これを間違えるととんでもないパスタに仕上がってしまう。調理人はすべて、この「料理アーキテクチャ」ともいえる手法を経験のなかで持っているのである。

個人としても、もちろん、このアーキテクチャともいえる手法は現実の生活に実践はしているし、習慣となっている場合がほとんどであろう。何が正解なのかは判らない場合が多い。さまざまなことを試し自分にあった手法を見つければよいと思う。ほんの少しの考え方の視点を変えるだけで一年、二年後には大きな変革となって返ってくるものである。次頁に「生活システムの改革」モデルを例として記した。

生活システムの改革モデル

		現状点数	点	課題	改革
食事	質		30	外食が多い。 栄養バランスが不明	野菜メニューを増やす。 データを取る
	量		70	量的にはほぼ十分、 適切	
運動	質		60	少し肥満っぽい	筋トレメニューを増やす
	量		30	休日にしかやれてない	週一回夕方増やす
仕事	質		50	スキルの習得に 限界を感じる	仕事全般の深堀りを 実施
	量		50	業務の取捨選択が必要	新たなスキルの拡大に 挑戦する
家族	質		70	子供と遊ぶことに集中	偉人伝など書籍を 努めて購入
	量		20	残業が多く 時間が少ない	対話の時間を もつようにする
学習	質		50	デジタル技術が不足	デジタル関連講座を 受講する
	量		30	時間が取れない	週2回夕方時間を取る
貯蓄	質		80	定期性なので継続	貯蓄性種類を増やす
	量		40	額が少ない	学資保険を増やす
投資	質		40	NISA に限定	信託内容を定期的に 吟味する
	量		50	現状維持	現状維持
趣味	質		40	音楽鑑賞に 留まっている	家族と観劇に行くように する
	量		20	現状なし	年2回位

著者作成

▼南海トラフ地震・関東直下地震は？

海岸近くにもし居を構えていたとしたら、津波対策はどう考えていたらよいのであろうか。

防波堤に頼る？　一目散に逃げる。いずれも不安がありますね。最も確実性の高い方法は、強固な高層ビルに居ることが一つの方法です。地盤がしっかりしているならば津波にやられることはないでしょう。

方法は、例えば次のようになる。

1～2階は波力を避ける意味で駐車場にする。3～5階は商店街でよいであろう。6階以上は公共施設、医院、薬局、スポーツ施設、図書館にし、緊急時に対応する。そして8階以上に個人的な賃貸・所有個室を準備する。これは広くしないで1DK位に抑え大勢の人が入居できるようにする。上階のほうには高齢者用の介護、保養施設を設置することにより、高齢者の入居が進み、緊急防災対策には有益となるであろう。

個室は普段、部屋が狭くてフリーランスやリモート業務の人達が作業できるような、サテライトオフィスとして活用する。広くしなければ安価で賃貸も可能となる。

まさに多機能防災高層ビルになる。若い方も高齢者の方もビジネスの方も利用ができる。このような取り組みが進んでいくことを期待している。

㉜自己を深化する

自分の可能性を信じられない時、暗黙知を強化する

ポランニー方式　自身の真髄へ

暗黙知は経験知と身体知のなかに含まれている概念であり、マイケル・ポランニーの言葉である。

経験値・実績知・失敗知を増大することが重要である。

形式知の重要性がいわれるが、創造の基盤はむしろ暗黙知にある。

例えば、次のような事例がある。

ＡＩやＤＸがなかなか進まないと云われる。確かに一朝一夕に習得できる技能ではないだろう。かといって単に難しいアルゴリズム（問題を解く一連の数式や手順）が分かればいいというもので

もない。

　ＡＩの分かる人材は往々にしてビジネスへの関心が低く、逆にビジネスの分かる人材はＡＩを理解しようとしない、というミスマッチが起こる。この溝を埋める必要があるのだが、両者にある技能・知見の橋渡しをしなければならない。

　暗黙知とは、個人的な経験や勘など、人に説明することが難しい知識のことであり、職人技など個々人の内面に保持されている。

　一方、形式知は、「言語化された客観的な知識」のことで、文章・計算式・図表などで説明する方法がとられる。例えばマニュアル化すると、個人的な体験に内包されていた事柄が、他人も理解できるように言語化され、客観的な知識として共有される。

　つまり、ＡＩの技術にしてもビジネスの知見にしても、暗黙知でとどまっていることが多いのだが、これをお互いが理解できるように形式化する必要があるのだ。この作業をすることによってＤＸは進展していく。

　マイケル・ポランニーは「人は言葉で表現できる以上のことを知っている」と主張している。また、対人関係や状況適応の能力が人間固有の能力とされるという意味で「モラヴェックのパラドックス」という概念がある。それは「コンピュータに知能テストやチェッカーで成人レベルのパフォーマンスを発揮させるのは比較的容易だが、知覚と運動のスキルで1歳児並みのパフォーマンスを発揮させるのは困難もしくは不可能である」という認識である。[16]

つまり、複雑な問題解決能力は人間固有の能力だといい、専門知識、帰納的推論の能力、コミュニケーションスキルが必要とされるとデーヴィット・オーターは述べている。

「形式知化」では全く不完全

しかも、形式知化は自己の深化という点においてはすこぶる限界がある。

何故かというと形式化できる分野は極めて限られている。文章化や映像化を行っても、それには限界があるからだ。

キャリアの強化という点で、66頁で述べたが、「客観化」「理論化」「経験知の重層化」「周辺技術の補強」「代替技術」「関係力の強化」という戦略的事項が

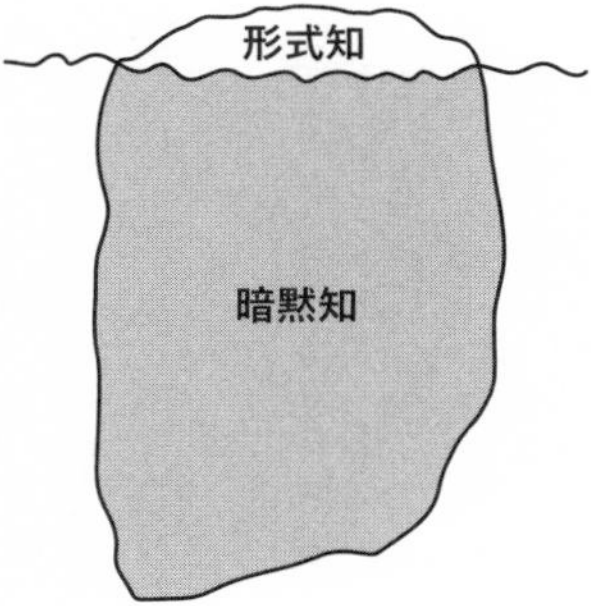

必要なのだが、これらは形式化では何ら深化できないのである。これらを強化するにはキャリアの「モデル化」を行って行動規範を作っていく必要がある。つまり単なる形式知化ではなく、戦略的「モデル化」と「暗黙知」との相互交流という作業により暗黙知を増強するということが必要なのだ。

当に「個性」とは暗黙知の領域で形成されていくものなのであり、その良否が自身の成長を決していく。他人が立入ることが不可能な領域なのかもしれない。

▼経験学習の重要性

リンダ・グラットンは経験学習が今後大きな比重を占めてくるという。単純な知識なら誰でも簡単に獲得できる時代になった。知識の量ではライバルと差がつかず、その知識を使ってどういう体験をしたかで差がつく時代になるというのだ。

これは重要な指摘である。つまり、能力の基盤は暗黙知にあるのだが、それは、知恵と洞察力、直観力を生む土壌であり、これは実践と繰り返し、観察を通じてはじめて習得できるものだからである。[17]

だから、これらの能力は暗黙知の中に押し込まれていくのである。

では、この経験学習は、どのようにして自分の知見として集積されていくのであろ

基礎学力（リベラル・アーツ）

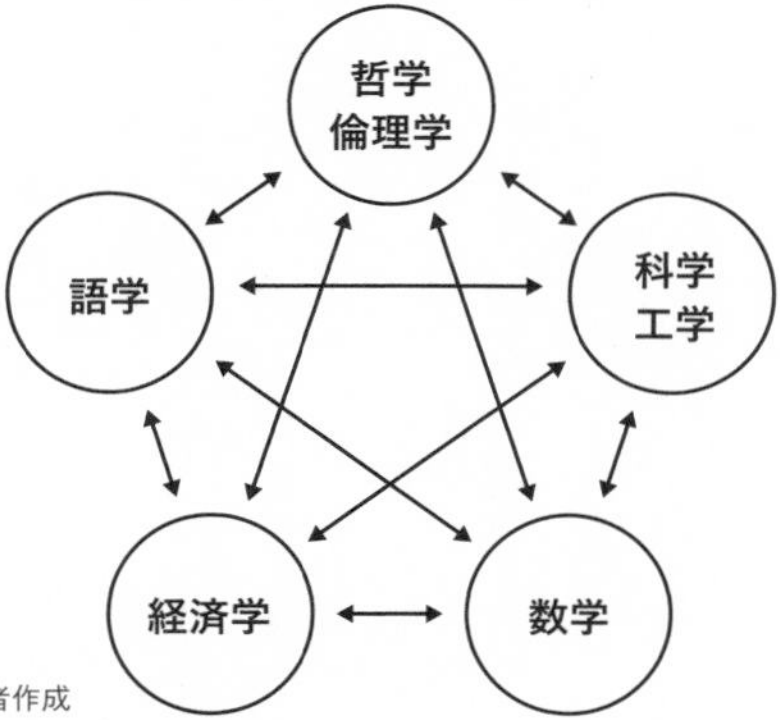

著者作成

うか。

それは、やはり知識の土台を利用することであり、知識と暗黙知の交互作用が必要である。ここで初めて**知識の深化**がなされることになり、このことが重要なのである。

つまり知識は設計図としての役割を果たしてくれるであろう。

教育学会においては、「STEAM教育」が強調されるようになっている。スチームはS（Science 科学）、T（Technology 技術）、E（Engineering 工学）、A（Art 芸術）、M（Mathematics 数学）、の頭文字で、オバマ大統領がIT人材のために重視したSTEMにアートを合わせた造語である。つまり、創る力を養う感性を磨くためにはアートの視点が大切だといわれている。

▼知識の深化

さて、若い時は思いっきり、思う存分に生きて、老後は老後でその時考えればよいのではないか。そのように割り切れる人は、それはそれでよいのかもしれない。それも一つの人生であるからだ。人生の後半期になったときに気が付くのであるが「30代の頃、手を打っておけば、もっと違う人生が送れたのに」と、振り返って思う。でも30代の頃生き方にいい加減であったかというと、それなりに真剣に生きていたと思う。

では、何が違っていたのであろうか。

端的に言えば、「知識」の範囲が狭く、独りよがりの偏見に陥っていると、自身の能力が開発できず成長できないままになってしまう。

ライフシフトの著者リンダ・グラットンは、キャリアを後押しする方法として三つを挙げている。

一つは、新しいアイデアと創造性を育むのを助けること

二つには、人間ならではのスキルと共感能力を発揮できるようにすること

三つには、思考の柔軟性と敏捷性など、あらゆる分野で通用する重要な汎用スキル

を育むこととしている。[18]

そして、特に強調しているのは、長い勤務人生を通して、テクノロジーの変化スピードが速く、スキルが時代遅れになる可能性が高まり、その対応として学校教育は次第に、あらゆることの土台となる分析能力や思考の原則を築く場になっていく。その意味において、生涯の学習として、「リベラル・アーツ」教育がきわめて大きな経済的価値を生む可能性があるというのである

それは、何かを知っているということではなく、一生学び続ける謙虚な習慣をもつかどうか、そういったポジティブな生き方のあるひとがこれからの時代、必要になってくる。

金融の知識をもっているかどうかで貯蓄、投資の効率に大きく結果が左右される。経済学の知識のみでは、金融経済の世界は網羅できない。更に、現代の世界は「物」の経済から「データ」の経済へ大きく移行している。従来の経済学では説明できないことが多くなっているのだ。

金融論の知識は、それらを補完すると同時に、経営においても、個人の資産形成においても必須の知識となってくるであろう。年齢を重ねる利点は、創造性を生み出す脳内のデータが蓄積されていくことにある。その意味において、年齢がいったとして

も、生きがいをもちながら学び続けることが後半期に幸せな人生を送る一つの方法になる。

中谷巌氏はリベラル・アーツの効用を次のように述べている。

一つは「自分を客観的に見る訓練になる」という。人間は誰もが何らかの「文化的型偏り」をもっており、この自らの特徴を理解しないと独りよがりになってしまうという。

二つには「自分のなかのOSをバージョンアップできる」という。リベラル・アーツの勉強とは、単に小手先のスキルを身に付けることや知識のデータを増やすことではなく、むしろ大量の知識やデータを総合的な視点で分析する能力を身に付けることにあると述べている。[19]

㉝物質融合・機能融合による革命

▼全く新しい機能を求めたい時

複合と融合とは異なる。複合は形状・機能が混ざり合った状態であるが、融合は混ざり合った後、元の形状、機能が変化する。さまざまな機能・形状を混ぜ合わせ全く新たな機能を創出する意味において三次元手法といえる。つまり二次元的な形状を残さない手法であるということだ。更に細かいことを言えば、分子的に三次元変化を起こし性質に変化を起こしたともいえるであろう。

例えば、陶器を製作したとする。素材に釉薬や絵を塗り込めた時、ここで終わった製品は、複合品である。しかし、その後、窯に入れて熱を加え時間が経過すれば陶器に変化する。この段階で、素材の性質は硬く変化するし、色もさまざまに変化している。熱によって化学変化を起こしたのであって、これは融合反応品となる。

また、日本には古来から藍染めという技法がある。一見すると、木綿と藍との複合による染色のように思えるが、実際は藍に染め時間の経過により生物化学反応を起こし藍色に染まっていく。衣類の強度そのものも倍くらい強化され丈夫になる。ジーパンの青色も当初はこの性質を狙ったのかもしれない。

調理は熱を加えることによって素材が変化し化学・物理・生物的に変化を起こし、原材料とは性質を異にしており味も変化している。

パンに卵、野菜を挟んだだけでは単なるサンドイッチであり複合品といえる。これは二次元的手法である。微細なところで形状変化を起こしていないのである。しかし、米や大豆に発酵する機能がある菌を混ぜて適度な温度に保てば日本酒や納豆、味噌醤油に変化する。これは融合品である。(微細なところで三次元変化を起こしている)

このように三次元的手法とは、融合化にみられるように物理的に構成に変化を加えることにある。

▼融合の事例

①陶磁器

「ゆうはり」という磁器は素材を根本的に改質する。

ガラス質成分（長石）とセルロースナノファイバー（バイオマス素材）と結晶釉という釉薬を素材に使っている。更に誤差1℃レベルの温度調整で焼き上げている磁器であり、透明性をもった磁器として工芸性、文化性の機能が高い陶磁器といえる。その意味では、三次元手法・効果を発揮したものになっている。

陶磁器ではあるのだが、独特な質感をもっており透明性が優れているため、光源の効果を取入れると陶磁器を超えた、やすらぎや感覚に感じいることができる。

②長期保存できるパン

保存剤を使わないパンで、パネトーネ種に含まれる植物性乳酸菌の働きにより微生物が繁殖されにくく長期保存が可能なパンがある。

酵母と乳酸菌によるパネトーネ種による長期熟成を行い、伸展性に優れたグルテンを形成し、しっとりとした食感がでる。腐敗菌が発生しないことで衛生レベルが高くなっている特質がある。

熟成変化はもっと利用してよい技術なのであろう。

㉞制御・遠隔操作

▼遠隔から相談する

離れた場所からの相談はコロナ禍により爆発的に増えた。リモート技術の発達により、利便性が向上したことにもよるが、あらゆる場所で普及が進んでいる。仕事上の相談だけでなく医療の相談などもよく聞くようになった。

ＡＲ技術が建設現場で使われるようになってきている。ＡＲは拡張現実と呼ばれるもので現実の撮られた画像にさまざまなデジタル技術を重ね合わせて表現する技術である。現実の画像に耐震補強部材などのイメージを重ね改修の前後の状況を確認したり、地下に埋設されているガス管などの位置確認を行ったりする。これは、タブレットのカメラで捉えた実際の画像に建築物の平面画像を用いて立体３Ｄ化する技術であり位置確認が容易になる。工事関係だけでなく、商業施設の改修工事において店舗の改修イメージがどのように見えるかをシュミレートすることも可能となっている。

遠隔地にいる人同士の対話技術が進展してきた。

ＭＲ（複合現実）やＡＲ（拡張現実）と呼ばれる仮想空間を共有することで対話する。

例えば、マイクロソフトは「メッシュ」と呼ばれる技術基盤はクラウドと人工知能計算の技術を使い現実に離れた場所にいる人でも同じ空間にいるように感じるという。

▼制御・測定

制御や計測器で特異的な企業がある。キーエンスというファブレス企業である。顕微鏡の微細測定を何重にも組み合せ、更にセンサー技術を用いて超微細な測定を可能としている。その精度はマイクロ単位の精度を確保し、プレートに載せるだけで縦、横、深度など100ケ所を多重に自動測定を行ってくれる。部品製作の工場や精密加工の現場で威力を発揮する装置として各種の測定器を提供している。

この例は顕微鏡の精密測定という特異技術とセンサー技術を最高度に磨き上げている手法といえる。

ネット技術により距離の壁を越えて制御する技術が進展してきた。画像測定、センサー技術に負うところが大きいが、ソニーは自動車の自動運転支援用に300m先の物体を測定できるセンサーを提供している。これは測位したい物体に光を照射し反射光によって距離を測る「dToF方式」により測位する。

㉟物づくりと素材開発

素材からモノづくりを変革したい時

▼生物的機能により素材生成

微生物を製造反応に利用する手法は広く行われている。一般的には食品関係に多い。醤油・味噌・納豆がそうであるように日本酒なども微生物の発酵を利用している。海藻からバイオ燃料を作る試みもある。昆布類などの海藻を酵素で液状化し微生物による発酵でエタノールを生成する技術だ。１キロの海藻から30グラムのエタノール生成する。食用に供されない部分を使えば資源活用にも利する。もっとも海藻は古代から肥料の原料として利用されてきた歴史もある。

現在、治療用のワクチンが注目を集めてはいるが、進化した癌ワクチンの試験が進められている。また、腫瘍のゲノム配列に基づいてパーソナライズする新しいタイプのワクチンにも関心が高まっている

▼生物がモノをつくる

生物の力をいかして有用な物質を効率よくつくるという「スマートセル」という方式がある。例えば、肥料でも農薬でもない第3の技術として農作物の環境への耐性を上げる機能をもつ農業用材料として「バイオスティミュラント」を開発している。これはアミノ酸や海藻などを用いて畑にまくと農作物が気候や土壌から受ける環境ストレスを減らしていくことを狙っている。ゲノム編集をした特殊な大腸菌をスマートセルとして活用し生産能力を高めていくというものである。

スマートセルというのはデジタル技術で微生物の遺伝子情報を解析し、狙いの物質を短い時間でたくさん作るよう遺伝子を書き換えるという技術である。

▼新素材が可能性を開く

材料の革新により、建設現場においては高層ビルの建築が可能となったり、カーボンファイバーなどの新材料は航空機の燃費改善や車両への利用が進んでいる。新材料は空間拡大に寄与し、新たな都市開発に発展している。

炭素繊維は新たな新材料ではあるが、更にセルロースナノファイバーは新たな強繊維として注目を集めている。重さは鉄の5分の1だが、強度は5倍あるという。

ローレンス・バークレー国立研究所の進める「マテリアルズ・プロジェクト」がある。一群のスーパーコンピューターを使い、約10万種類もの化合物や予想される化合物の性質を集め「材料のゲノム」を創ろうとしている。エジソンのように白熱電球を作るためフィラメントの素材の探索に1600種類もの材料を試したという労作業はなくなるのである。いまはフィラメントよりＬＥＤが電気を光に変える効率は、はるかに高い。

▼究極の融合技術——核変換

途方もなく長い期間、放射能を維持する物質を希少金属に変換する技術がImPACT（革新的研究開発推進プログラム）で始まっている。例えば使用済み核燃料に含まれるパラジウム107は半減期が650万年もある。これを核変換でパラジウム106に変えれば、放射能を無害にできるだけでなく自動車の排ガスを浄化する触媒に使える。この他、ジルコニウム93やセシウム135、セレン79も研究の対象だという。しかし、これらの研究は困難が伴い、長期の開発研究を要するという。

▼化学反応による革新

全く新たな製造条件や新規発明により新たな機能を発揮することがある。

従来、化学工場においてアンモニアはハーヴアボッシュ法という手法で大規模な化学工場で作られていた。しかし昨今、触媒の活用によって、高温高圧でない常温によってアンモニアが製造可能となってきている。

今後用いられる用途として、蓄電池の機能向上が求められている。容量拡大、急速充電のための機能向上が電気自動車の命運を握っているからだ。

今後、開発が期待されるのは燃料分野であろう。二酸化炭素削減に向けてさまざまな取り組みが始まっている。電池の革新もそうであるが、二酸化炭素を直接一酸化炭素に変換し、化学変化によりジェット燃料やプラスチック製品を製造する試作が行われている。

錬金術ではないが、化学反応は現代においても有効なテクノロジーなのだ。

「物づくり」の重要性

「モノ消費」から「事消費」に移ったという。

しかし勘違いも存在する。事消費するにしてもモノがなければ事消費は不可能なのである。スイーツにしても、美味しい魚の寿司にしてもモノであるし、住宅にしたって木材がなければ良質な住まいは不可能である。

スマホにしてもモノの塊である。

日本はモノづくりという原点を取り戻す必要がある。日本はデジタルとか高齢化社会とかさまざまな問題点が存在する。

競争力の喪失を取り戻すには「物づくり」の原点から出発した方がよいように思う。

「比較優位」という名のもと、安価に作れるということで、多くを海外へ移管してきた。安価な海外生産により、いっときは経済利益は出るであろう。しかし次第に生産的な力を失っている現状があるが、なぜであろうか。

それはさまざまな能力が「モノをつくる」ことに関連しているからである。

- 新たなものを開発し設計する能力
- 生産する機械設備などのノウハウや技術
- 修理やメンテナンスなどの維持能力
- 情報を駆使して国内・海外へ販売する販売力
- 理工系技術教育による人を育てる能力
- 金融によって企業を支えていく能力
- 地方経済を支えていくという地域基盤力

「つくるのは海外にまかせ国内でしっかり見ていけばよい」という議論もあるが、その能力さえも失われている。わたしの関連企業で、海外企業を鵜呑みにしていたため、当然にわかるという設計数値の異常さを検知できなくなっていた。これではモノづくり能力などというのは喪失状態といってよい。「選択と集中」とかいっているが、その選択する選択眼も喪失している。

当然、海外で作った方がよい場合があるであろう。しかし、重要産業は国内で作らなければならないと思う。オープンイノベーションによって国内外の技術を集約し生産体制を考えていくことに重要性がある。

大切なことは、そこから新しい技術の芽が出てくるからである。一旦、亡くなった生産体制は海外企業に技術を売り渡しているため二度と回復はしない。

経済安全保障上、戦略的な産業がある。

一．備蓄が利くかどうか …………エネルギーはある程度備蓄されているが限界がある。米は備蓄は利く作物ではあるが食品なので限界がある。

二．製品の代替性 ……………………緊急時にそれに代わるものが入手できるかどうか。米の代替えとしてはパン、うどん、イモ、そばなどがある。

三．供給源の数に関わる問題 ……産業の集中度が極めて高いもの。半導体がその好事例であろう。

こういう視点で国の安全保障を考えていく必要がある。

ともするとソフト的な考えが重視される世の中ではあるが、ソフトとて脆弱である。

農林漁業、機械器具、生活用品などモノと係わっていくということは人に安定的な基盤を与えてくれる。資源はほとんどない、ソフト力もない、物づくりもないとしたら日本は何で勝負していくのであろうか。

▼エネルギーの変換

ウクライナ戦争でエネルギーの重要性が世界の重要課題として浮上した。原油などの輸出入が遮断されたのだ。この問題は単なる戦争手段ではなく長期の問題として考えないといけないことになった。そこで対応策として浮上したのが「水素エネルギー」である。この水素は次のように原料として転換できる。

第一は太陽光や風力電力の変動を補う電力貯蔵媒体として貯蔵しながら使う

第二は脱炭素・炭化水素化合物の分解と合成・アンモニア肥料合成などの化学工業原料として使用

第三は車・船・航空機などの交通機関のエネルギー源として使用

但し、各国は自国で生産を賄うことが困難で輸入に頼らざるを得ない。政治的安定、風と太陽光そして水による安い大量のグリーン水素生産能力。大型タンカーが出入りできる港湾の存在などの輸出国の条件もある。ノルウェー、モロッコ、西アフリカの3ヵ国に、チリ、オーストラリアなどの国がある。

㊱人工知能

AI（人工知能）の技術がよく解らない

▼デジタル化を極める

ＡＩ（人工知能）の技術は微分・行列や統計など数学の三次元的処理を行った技術であり、そうした意味で、ＡＩの代表的な技術「ディープラーニング」は三次元処理技術である。

概要は次のようになる。

そもそもＡＩという技術は単独の技術ではなく、さまざまな技術の集合体である。人間の有している知性・知能を人工的に実現しようとする目的の技術ではあるが、現在のところ人間の知能と同等の仕組みを実現している技術は存在していない。現在ＡＩと呼ばれているものは、碁を打ったり車の自動運転を行う特定の目的に関しての技術であり、特化型人工知能と呼ばれているものである。何回かの変遷を経て、最近になって、機械学習という段階に至っ

た。機械学習とはコンピュータを大量のデータで学習させ、人間のように音声や画像を認識したり判断を下したりするような技術である。これは昨今、ビッグデータという基盤ができたため大量の学習データを扱えるようになったことで可能となった。この機械学習の一部が発展し、人間の脳を模した「ニューラルネットワーク」を使って大量のデータを学習する手法である「ディープラーニング」（深層学習）という手法に発展している。

▼AI（人工知能）の中核技術　機械学習

機械学習の基本的な仕組みは、いくつかのサンプルデータをコンピュータに認識させた上で特徴を判別できるようにするというものである。コンピュータ自身がデータを学習して判別可能にする仕組みを機械学習アルゴリズムと呼び、基準となるサンプルの数が多ければ多いほど機械学習の認識精度が高くなる。機械学習は教師あり学習と教師なし学習の二つのパターンがあり、教師あり学習とは一定のサンプルデータをもとにデータ処理を行う機械学習の方法である。

教師なし学習は、いわば教師であるサンプルデータがないため、数字別とか、図柄別、色別といったようなグループにまとめる「クラスタリング」という作業をする。基準とするべきサンプルデータがないため、近似値のデータ同士をグループ化する。

▼ニューラルネットワーク

ニューラルネットワークとは、生物の脳をモデルとしたものであり、まさに脳の機能をまねようとしたものである。その内容は次のようになる。

脳の神経ネットワークは神経細胞ニューロン、その各々のニューロンと接合するシナプスがある。このニューロンから電気信号が発せられると、一定以上になるとシナプスを経由して連結しているニューロンに信号が伝達される。

この伝達により脳全体でネットワークが構成される。

ニューラルネットワークにおいては、ニューロンの役割をノードシナプスの役割をエッジと呼んでいる。

ここでニューロン(ノード)の値は、「入力値」と「重み」の合計に「活性化関数」を掛け合わせて求める。

「活性化関数φ」は、入力値の大きさによって出力するかどうかをコントロールする関数であり、「シグモイド関数」や

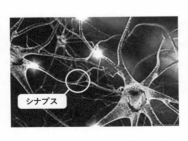

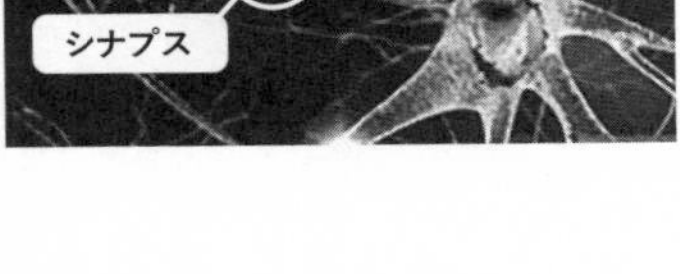

「ReLU関数」が用いられる。
このシグモイド関数とは、実数値を入力したとき、0から1までの値で表記するものであり、ニューロン内部の変数が特定の値を超えると1を出力し、それ以外は0を出力する関数である。
何故、活性化関数を用いるかというと、そのポイントは脳内の情報伝達と同じように情報を単純化したところにある。入力によって生ずるニューロン内部の値が「閾値」を超えるとそのニューロンが発火して1を出力し、場合によってはその出力値が他のニューロンに入力される。（図中のシプナスを通して電気が伝わる状態）
ニューラルネットワークは複数の層をもっており、多層パーセプトロンと呼ばれる。

閾値（いきち、しきいち）
反応を対象にもたらす最小の値「刺激が加えられても所定の値に満たない場合は全く反応せず、所定の値を超えた場合は完全に刺激に反応する」という趣旨の法則である。反応する・しないの境目となる値が、生物学的「閾値」に該当する。

▼ディープラーニングとは

ＡＩ（人工知能）の面白いところは、データの認識には必ず誤差が生ずるのであるが、その誤差を逆に遡って係数を加えて調整を繰りかえし正解値に近づける操作を行っているところにある。

誤差逆伝播法と呼ばれるこの手法は、誤差から重みの更新量を計算して、一つ前の層のエッジに戻す操作を行ない、次に、誤差を最小化するため重みの最適化を大量の学習データに対して行う。[20]

ディープラーニングのディープというのはニューラルネットワークを構成する層の数が多いことを意味している。実際は複雑な微分計算がなされるが基本的には以上の方法がとられる。

１８６頁にコラムにて数式を示したので参考にしてほしい。（ニューロン（ノード）の値と誤差関数）

▼ＡＩ人材とは

世界に流通するデータ量は１６０ゼタ（ゼタ－1兆の10億倍）という想像を絶する量にあると予測されている。映像、音声、文章など膨大なデータを取り込んで判断・利用する専門家が当然に必要とされる時代になっている。例えば、医療の画像データから病変の発見、ゲノム情報から最適な患者への薬剤投与、土木建築におけるドローンを使っての三次元測量データを活用した工法の設立、更にはスーパ等においてカメラによる顧客動向の把握による商品開発など、その開発動向は大きく広がりつつある。

このようにデータの利用が広がっている状況において、単なる装置の自動化によるコスト節減のみでは世界の趨勢から大きく後れをとっていく。特にビジネスに有用な新たな価値を創造するデータサイエンティスト（DS）の存在が欠かせない時代になってきた。このDSは視覚化するスキル、統計学による数値解析、機械学習、最適化の技術などが要請されるのである。

更に、データを意味のある形に使えるようにし、実装、運用できるようにするデータエンジニア力があり、これらをビジネス上に課題を整理し、調整・交渉するビジネス力も必要とされる。そして、経営上のビジネス課題を理解し整理を行い、解決の方向に調整・交渉を行い経営方針立案するビジネス力が求められる。

データサイエンスを専門的職業としようとするならば、専門的学校で技術を学んだ方がよい。今後、雇用延長が避けられなくなってくるが、組織内において、スキルを磨き、AIやデジタル技術を学び強みとしておかなくてはならないのである。

ニューロン（ノード）の値と誤差関数

ノードの出力Y は

$$Y = \phi(\Sigma WX)$$

ϕ ：活性化関数
Σ ：和
W ：重み
X ：入力値

ここで活性化関数ϕは、入力値の大きさによって出力するかどうかをコントロールする関数であり、ここにおいてはシグモイド関数を使用する。
このシグモイド関数とは、実数値を入力したとき、0から1までの値で表記するものであり、ニューロン内部の変数が特定の値を超えると1を出力し、それ以外は0を出力する関数である。

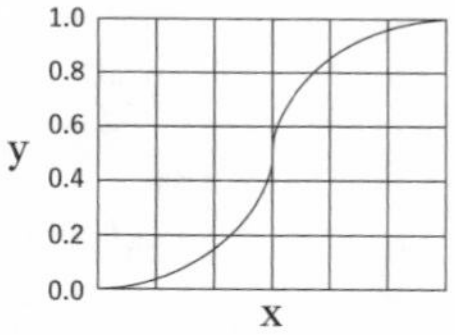

シグモイド関数

$$y = \frac{1}{1+\exp(-x)}$$

exp は指数関数
x はニューロン内部の値

誤差関数：E

$$E = \Sigma(yp - yt)^2$$

を計算し誤差Eを求める。 yp：予測値
yt：正解値

この誤差の計算と更新量の決定を繰り返して理想的な重み W に近づける。この計算式を勾配降下法という。

著者作成

㊲ 生物・自然・遺伝子

自然の生命力を取り入れる

人間は本来的に自分自身がもっている生命力がある。しかしそれだけでは足りない。例えば免疫力の根源は腸がつかさどっているが、この作用は腸内細菌の働きが担っており、これを上手くコントロールしておかないと病気発症の元になる。紫外線など活性酸素の害は野菜などに含まれるベータカロチンなどを摂取しないと防御が不完全になる。

人間は自然を破壊することで文明を開いてきた。燃料、ガスはもとより日常使っているプラスチック製品は石油をナフサに分溜しポリプロピレンなどに変え使っているし、衣類の化学繊維はすべて石油が基になっている。現代文明は太古からの地球遺産

を消費しながら生活しているといってよい。いろいろ弊害が出てくるのは当たり前の帰結なのかもしれない。

人間、自然の恩恵なくしては一分一秒も生きてはいけない存在である。酸素・水なくしては生命は維持できないし、生活の糧はすべて自然からの産物である。野菜・果実などの農作物、魚などの海産物、木材、畜産物といえども自然がなければ育っていかない。

ドイツの歴史学者シュペングラーは『西洋の没落』(1918年)のなかで、「自然から乖離した文明はいずれ衰退するという意味において、大地から栄養を吸い上げ活力を更新する働きが弱まり、自然への支配欲は逆に人間自体の生命力を低下させていく」という。[21]

人は素直に自然の恩恵を享受すると同時に、自然を大切にし自然と共存しなければならない。森に入れば癒しを得ることができるし、河川で遊ぶこともできる。花を生けて美を堪能することもできる。コロナ禍の災いを避けて地方の自然とともに生活するスタイルも進展してきた。リモートの発達もあり、職住のありかたも自然回帰を可能としている。

▼生物・自然を活用する

世界は不思議に満ちている。なぜ種からさまざまな草花が成長してくるのだろう。

私たち、ヒトの体は、約60兆個の細胞からできており、細胞の中には、「核」が入っている。その「核」の中には、46本の「染色体」があり、一つひとつの「染色体」をほどいていくと、ひも状のらせんの構造をした「DNA」が出てくる。「DNA」のひもの部分は、糖とリン酸という物質で、ひもを橋渡しする物質は「塩基」でできている。

この「塩基」の並び順が「遺伝情報」である。

「遺伝子」とは、「遺伝情報」の一つの単位である。

「遺伝子組換え」は、目的とする性質を付加することが可能だ。

遺伝子の発見により、バイオテクノロジーの一つ品種改良で、交配させることで遺伝子が組み換わり、形や色などの性質が変化して、さまざまな品種ができていたことが分かってきた。しかし従来の品種改良では限界がある。

品種改良を進化させた「遺伝子組換え」は、目的とする性質をもつ「遺伝子」だけを入れることができる。

日本でも遺伝子組換えにより改良された品種の安全性が確認され、安全性が認められた農作物・食品だけが、販売されている。

副作用の少ない薬を製造することも可能となってきた。微生物は味噌や酒、ヨーグルトなどを作るが、薬を作るのも可能である。

その一つが抗生物質で、1928年にイギリスの細菌学者であるフレミングが、青カビから抗菌物質であるペニシリンという細菌に特徴的な細胞壁を壊して殺菌する薬が作り出されていることを発見した。そして今、「遺伝子組換え技術」を使って、酵母や動物細胞が人のホルモンなどを作っている。

日本では2016年時点で1000万人ほどが「糖尿病の可能性を否定できない者」と想定されており（厚生労働省ホームページ www.mhlw.go.jp）、この中にはⅠ型とⅡ型があり、Ⅰ型糖尿病はすい臓のβ細胞というインスリンを分泌する細胞が壊れてしまい、血液中のブドウ糖がコントロールできなくなってしまう病気になってしまう。

ゲノム創薬は、コンピュータ解析等によって得られたヒトゲノム情報をもとに、病気に効果を示す創薬手法であり、一人ひとりのDNA配列から、わずかな乱れや差異を解析し、病気発症へのメカニズムを解明し、ヒトゲノム情報を応用した薬を作り出そうという手法をゲノム創薬といっている。

DNAを活用して、疾患の発症メカニズムを突き止め、その遺伝子によって作られる物質、正常な遺伝子によって作られるはずの物質を制御することにより、治療を行なう。従来のスクリーニング方法に比べて、効果的な探索法であるため、注目され、取り組みが進んでいる。

▼抗体医薬

人間がもつ免疫力を利用し、特定の細胞や組織だけを認識して活性を示す抗体を投与発生させることにより、病気の症状を抑制する薬である。

抗体は体内に進入した異物に結合して異物の作用を抑えるタンパク質であり、特定の細胞に働く性質がある。

ガン細胞の増殖を抑える効果を狙った抗体医薬は患部の細胞だけをその細胞が有する抗原タンパク質に対応する抗体医薬を使って、狙い撃ちするため、高い治療効果や副作用の軽減が見込められる。

アンチセンスはDNAからメッセンジャーRNA（mRNA）を経てタンパク質という流れで遺伝子情報が伝達される途中の遺伝子レベルで機能し、DNAあるいはmRNAに結合することで疾病に関与するタンパク質の合成プロセスを阻害する。

mRNAの塩基配列がわかっていると、アンチセンスRNAの合成が可能になる。

▼分子標的薬

正常な細胞に対しても作用する従来型の化学療法薬とは異なり、特定の細胞にのみ選択的に作用する新しいタイプの治療薬のことを分子標的薬という。

これは抗がん剤の分野で期待されているのは、従来の抗がん剤投与で正常な細胞をも攻撃してしまうことによる副作用を防げるということにある。

正常な細胞ががん化して無秩序に分裂・増殖していく仕組みを解明する研究が行われているが、それを医薬品に適用したのが「分子標的薬」であり、抗がん剤に限らず、今後、「抗体医薬」と共に最も発展する医薬品であるとして、期待されている。

㊳映像・動画・絵画

▼ビジュアルな効果を用いるには

これらの機能の発達は現在著しい。

YouTube による動画は盛んに活用が進んでいる。何といってもPC、スマホでみられることが大きい。HP・SNSは動画利用が当たり前になってきた。

現在新たに進展しているのは立体アバター（分身）を映すホログラムや疑似技術を使ったビデオ会議である。遠隔地から3D映像でバーチャル上に人間を映し出し、会議などを行うという技術である。従来の二次元映像配信よりインパクトのあるプレゼンテーションやミーティングをデジタルで行うことができる。従来ビデオ会議はZoomが主流であるが顔が映る画面表示の切り替えに手間がかかる難点があった。この欠点を補うのがホログラムである。例えば上半身だけの分身を作り仮想空間の会場で身振り手振り伝えることも可能であり、たくさんの分身が一堂に会して会議を行うことが可能である。二次元の顔が並ぶ既存のビデオ会議よりも意図が伝わりやすいのである。

メタバースの利用には仮想現実（VR）ヘッドセットが必要だが、一方ホログラム技術を使えば必要ない。ヘッドセットを使うとその場にいる他の人達から隔絶されてしまい遮断されてしまう。しかしホロ技術は現実世界から利用者は切り離されることはない。現実世界と仮想空間は自然な形で繋がっているのである。この技術は今後増えていくであろう。

三次元的手法 まとめ

○個々人は隠れた知見・能力をもっており、暗黙知として保有している。
この暗黙知の能力は経験学習によって深めることができる。

○経験学習によって、能力は更に自身の暗黙知のなかに押し込められ積層されていく。

○人工知能の技術は数学の三次元処理でありビッグデータによる統計学処理である。

○もう一つの専門スキルを育て、スキルを重層化することは独創力を高める上で武器となる。

○素材の開発、融合技術はAIやデジタル技術、また遺伝子技術など最新技術と融合し発展していく。

○日本は物づくりで活路を開いていくしかない。その肝は独創である。

＊　＊　＊　＊　＊　＊　＊　＊　＊　＊　＊　＊

ここまで積み上げてきたスキルは、最後はあなたの「意識」が重要になる。それは、時間が味方してくれるであろう。四次元の手法である。

第5章
四次元的手法

四次元手法

INTRODUCTION

時間軸思考を取り入れる

すべての人に公平に与えられた資産は「時間」である。この時間をどのように使うかによってすべては決まってくる。

つまり**時間は、最も大切にすべき「資産」なのだ。**

更には、一次元から三次元までの機能は、四次元機能ともいうべき時間的熟成を経て市民社会全般にその効果が敷延していく。

市民社会の生活、文化に関する機能である健康・保険・医療や、居住・教育などの活動は時間的要素が多く、時間熟成の要素が高い機能になる。

㊶時間効果と時間戦略

Ⅰ．バックキャスト思考

未来のあるべき姿や、将来の目標を設定し、それに対しての自身の課題をあぶりだすことが有効である。課題が明確でないと行動が伴わないからだ。

先々どのような変化が訪れるかを予想し、そこに向かって自身を開発していくという「未来思考」の考えが大切である。

個人についていえば、未来のあるべき自分を見つめ、自身の足りないキャリアを明確にしてバージョンアップを図っていくことになる。

時には、過去の経験を棚卸し、反省と新たな手法を考えることも必要だ。

「成りたい自分」を明確にすることは、課題を明らかにすることに繋がり、それによって行動も明確になる。十年後の自分、二十年後の自分を想定していくことであり、その強い意識があなたの運を形成していくのではないだろうか。

バックキャスティング（Backcasting）思考。

「未来思考」の一つであり、「未来」を起点として、そこから逆算して「現在」を考えること。一方、フォアキャスティング（Forecasting）は「今」を起点とする思考で、現状のシーズを活かし、改良を積み上げる方式。

Ⅱ．レミニセンス効果

記憶した直後はあまり理解できなかったけれども、何時間か何日か経ってから再び同じ部分を勉強したらなぜか理解できた――という経験はないだろうか。

これは、「休んでいるあいだ、眠っているあいだに、脳が必要な知識と不要な知識を振り分ける」からであるといわれている。

つまり、時間という熟成により、必要な知識が整理、統合されるのである。長時間、連続で押し込むという方法よりも、脳には、考えたり、休んだりする時間が必要なのである。

効率の点でもよいし、学習の内容も深めることができる。

業務についても同じことがいえる。少し時間を置きながら行ったほうが異なった角度からアプローチできたり、新しいアイデアが生まれることが多いものである。時間効果を上手く使うことが大切である。

レミニセンス効果

何かを習得する上で「睡眠」は重要な役割を果たす。練習・学習したことが睡眠によって整理され、寝ている間に習得される。記憶は時間の経過とともに保持量が低下するのが普通であるが、条件によっては、記銘直後よりもしばらく時間が経過したほうがよく再生が行われることがある。

Ⅲ．熟成・発酵

熟成は食品の分野で広く活用されている。味噌・醤油や、納豆、鰹節、チーズ、日本酒、ワイン等々、それは微生物の働きにより時間をかけて変質を試みた操作である。複雑で不明な点も多いが、食品が熟成するのは、微生物の酵素作用、食品自体がもつ酵素作用、食品や成分どうしの化学反応、食品成分の物理的な変化によるものがあるといわれる。これらの要因が絡み合って熟成は起こる。

熟成は自然に含まれる酵素によって、タンパク質が分解されてアミノ酸へ変化する。発酵は、酵母菌や乳酸菌などの微生物が糖質を分解して有機酸やアルコールなどを作り出す。発酵食品を作る過程で、発酵させたのち、寝かせ熟成の工程を経るので、広義では、発酵は熟成のなかに入る。

食品中のタンパク質は、微生物や酵素で分解されると、アミノ酸やアミノ酸が結合したペプチドになり、うま味が増す。そのため、味噌や醬油などの調味料、ハムやソーセージ、チーズなどは長期間熟成させる。また、熟成肉のうま味が増すのも肉のタンパク質が分解されるからである。

味噌や醬油の色が褐色に変化するのは、食品中のアミノ酸や還元糖の化学的な反応、メイラード反応による。この反応では香ばしい匂いも生まれ、ウイスキーでは、樽に貯蔵している間に樽の成分が移り、琥珀色になる。

小麦粉は生地を寝かせると、グルテンと呼ばれる小麦タンパク質の構造が変化し、うどんのこしやパンのもちもち感が生まれる。果実も熟成するとやわらかくなり、干し柿では甘味が生まれる。

ソース作りは、トマトや野菜のジュースやスパイスなどの材料を混ぜ合わせて、寝かせることで、素材の甘味や塩味、うま味、香りなどが一体となり、おいしさが生まれる。

味噌は、煮た大豆に麹を加えて発酵させ、熟成させたものであり、味は、大豆や米、麦が分解されできたアミノ酸や、糖類、食塩などのバランスで決まる。熟成中の成分の変化は、気温や湿度など環境の影響を受けるため、地域によって多様な味噌が作られる。

京都の白味噌は米が多く、熟成期間も短いため、色が白くやわらかい。名古屋の八丁味噌は大豆を原料に2年以上も熟成させるので色が濃く、風味も濃厚である。

このように発酵・熟成は時間をかけた栄養価値の創生である。

この発酵・熟成という手法はもっともっと活用されてよい手法であろう。

Ⅳ. 時間短縮

時間短縮の機能を使うとするならば「デジタル」技術を使うことが有効だ。

モノを製作したりする上において、「ソフト」―「テクニカル」―「マテリアル」へと繋がっていく。従来、ソフト作成と実態のモノであるマテリアル作成には時間が掛かっていた。しかしデジタル技術の発達によってソフト開発は次第に時間短縮され、将来的には誰でもできるようになるであろう。また、モノを製作するマテリアル作業も自動化が進み3D製作なども可能となったりしており、これも将来的には相当に短縮される。しかしながら、テクニカル部分は、なかなかそうはいかない。機能をテクニカルに落とし込むには相当の技術を必要とし、ともするとブラックボックス化してしまう。この部分の技術を握った人、企業が世界を制するといってもよいのである。

とはいっても、さまざまな機能がデジタルにより短縮化され、スピードを押えたところが勝者となる。
そして、最終的には有益な「独創」あるものを最速で市場を押えたところが勝利していくであろう。つまり「デジタル」と「独創」の2要件が重要である。

V. 人生の時間戦略

世に言うところの最強の勉強法とか最強の戦略などというものはない。すべては自分に合わせて構築する以外にない。重要なことは、自分の型を作ることである。型とは自分の身体、性分との融合であり、それは、自身の「アーキテクチャ」を構築することにある。つまり「最高の効率」は、創造的な自発の構成と考え方で作り上げることになる。

第二の人生は重要と思う。第一の人生が思うようにいかなかったといって嘆くことはない。第一の人生はあまりにも制約が多いのである。経験と学習によって本来的な第二の人生を作るべきである。

人生には必ずリスクが存在する。しかし、リスクを恐れているのみでは事は成就しない。可能な限り、リスクを管理できる状態に置くことが重要である。

人生の可能性は無限大にある。しかし、ランダムウォーカーではいけない。アクションを起こそうとすれば、必ず副作用がある。ものごとはお互い複雑に関連し、影響しあっている。そのため多面的な処理と、事前の入念な準備が大切になる。

変革に対しては、知識の増強と経験的なスキルが効果をもつ。並行して経済的な投資も大切になる。また、健康への配慮も欠かせない。変化へのショックを和らげるために普段からの人脈の形成も重要であろう。

安全保障とは事前に100％準備する概念ではない。社会は時々刻々変化しており、新たな技術を取り入れながら改革し、時間による効果とリスクとの戦いを余儀なくされる概念である。個人についても同じように、知識・経験などの投資を行いながら、時を超えて検証していく必要がある。

街中で自動車をみていると、メーカーによってかなり特徴がみえる。A社はどの車種をみても変化のないデザインを踏襲しているし、B社はデザイン性にかなり気を使っている。

C社はデザインよりも機能性を優先しているようにみられる。また、D社はデザインには全く無頓着なようにも見える。このように企業においても企業文化というものがあるのであろう。設計思想、デザイン思想を外見をみても感じることができる。次はどの車のメーカーにしようかなと思ったとき、機能だけではなくデザインのよさも併せて備えていれば購入動機が高まると思うのは私だけであろうか。

これから企業文化に限らず、個人においても複眼的な判断をしていくことは重要になってくる。自身のアイデンティティをもち、汎用的な古典思想に造詣が深く、更に最新の技術思想をもっていくことが必要なのである。これらをもち合わせていないと時代の変化を理解できないばかりか対応ができなくなってしまう。

常にこうした知識を習得していく努力を行うなかで、自身の立ち位置を確認できるし、反省し修正していくことも可能になっていく。その時々において方法は無限大に備わっているのであるが、ただ自身においてそれが分からないだけなのである。大概は、何年か、何十年か後になって気が付くのであるが既に時期を失している。

Ⅵ. 生涯戦略

資金面で人生を概観する意味で、生涯の資産収支の例を次頁に概略的に図に示した。もちろんこれは一例にすぎないが、自身にあてはめ、生涯の予想を考えてみることが必要である。これを見ると、意外と老後の期間が長いことが分かる。まさに第二の人生であり、現役期間に匹敵する長さでもあり、とても老後とは言えないのだ。人生再構築の必要性はここにある。

ある意味、第二の人生の充実度は第一の人生の準備で決定される要素が大きい。

資産的にみれば人生には三つの壁がある。第一は住居の構築であり、第二は子息の教育であり、第三は定年時だ。そして、長期的には、定年を迎えた後、年金受給までの期間に収入減の谷が存在する。これらは、その時々に対処していては後手に回ることになり、事前にマネジメントする必要がある。

現役時の収入によっても対応は異なってくるし、退職金は勤続年数、企業規模によってかなり差があるが、30年勤続で平均700万位（中小企業）から1600万位（大企業）が相場である。住宅ローンは

生涯資産の収支例

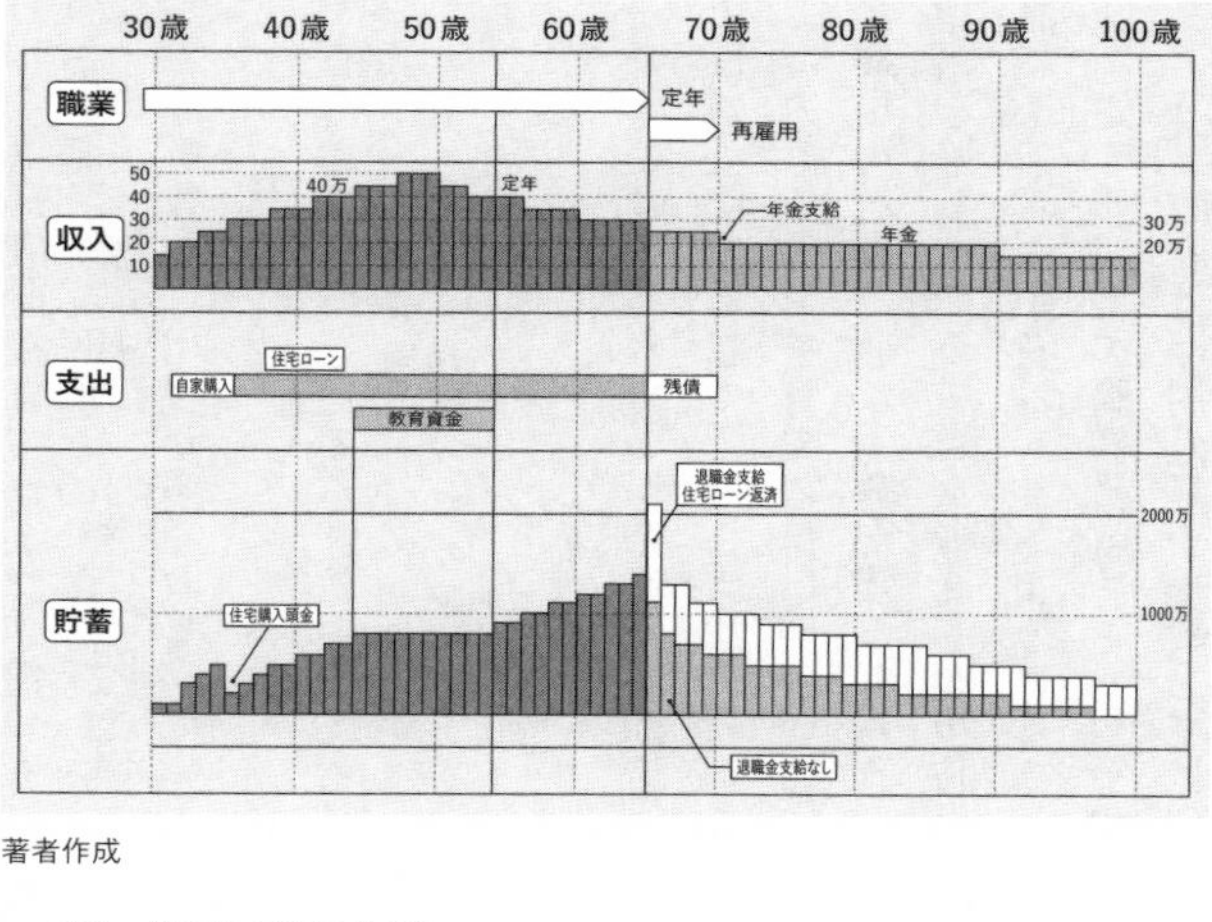

著者作成

定年時までに完遂しておくことが望まれるが、昨今は70歳前後までローンが残っている場合もあり、現役の40歳台の収入が多い時に、期間短縮の組み入れを行っておくことが必要である。老後は、年金が出たとしても、医療費など出費が多く収支が赤字となることが十分考えられる。

何といっても第二の人生が大切だ。文化的な有意義な人生を送る意味においても資金の準備は欠かせない。

Ⅶ．人生の勝負は55歳から

人生90年としても、一企業で生涯を終えるというのは考えづらい。企業、経団連側は終身雇用について生産性が上がらないとして反対姿勢である。そうとも思えないのだが企業側はそうみている。つまり企業としては力ある人材を育てる自信がないのである。よほど退職金、年金が高額でない限り安泰した老後生活は困難が伴うだろう。豊かな老後生活を送ることを考えたら、年金受給を遅らせ割り増しを考える選択肢もあるかもしれないが、それも貯蓄があっての話である。医療費はかかるようになるし、趣味を広げるにしても資金が必要だ。ある意味、定年後、他の職業に就くとか自分で創業できるくらいの実力を養っておくべきであろう。政府は雇用延長を推奨してはいるものの、どのような社会が待っているかは不明なのである。専門技術を深めたり、人脈を確かなものにしておき、個人としての信頼性と実力を深めておくことが大切になる。

第一の現役時代はどうしても家庭優先を考え、自分が希望する職業に就けず妥協を強いられていたかもしれない。しかし、第二の現役は時間をかけ準備することが可能なのである。検討できる時間があるのだ。もっと違う職業に就きたいと思うのであれば、20年間の準備期間があり、どのようにも考えることができる。学校で新たな技能を習得することもできるし、副業を介してその世界を経験することもできよう。自分固有の知識を磨くということは楽しいものである。大切なことは自身と家庭の基盤を固めながら決して急がないことが肝要である。周りを大切にしながら進んだ方が運が回ってくるものだ。

そう、運が回ってくるような生き方が大切である。

中高年労働者については、「ジョブ・クラフティング」という概念がある。これはエイミー・レズネスキー米エール大学教授とジェーン・ダットン米ミシガン大教授が提唱したもので、労働者本人が自ら仕事の意味づけを転換して、主体的に仕事を再創造することを指している。

更に、石山恒貴法政大学教授とパーソナル総合研究所は「PEDAL行動」という概念を主張している。

新しいことに挑戦　Proactive
自分の大切にしている価値観と仕事の意義を結びつけ　Explore
年齢にこだわりなく多様な人々と仕事を進め　Diversity
人間関係の結節点になり　Associate
経験したことを振り返り次に生かす　Learn

という五つの行動が重要だと主張する。[22]

▼フリーランスとして働く

65歳以降、年金だけで悠々自適が可能な人は相当に高給取りで厚生年金を支払った人であろう。普通であれば足らない。老後は医療費、家族の支援、交際費、健康への維持費など、かなり出費がある。

日本企業の労働生産性の低さと、人材不足の労働環境が相まって、ある時点で変革が相当のスピードで展開していくだろう。如何にＡＩといっても難易度の高い職種に現実に対応することは困難を極め、人間の調整と対応が必ず必要になってくる。例えば、建築修理の施工管理の現場においては、建築物の状況を如何に詳細に掌握したとしても、作業人員の確保・調整や企業間の工期の調整、お客への対応などは、ＡＩなどではとても入り込めない業務だ。対人関係の調整などというものはＡＩは入りにくい分野である。必要になってくるのは、ＡＩの知見を掌握しながら業務を遂行する能力、つまり双方向的な業務調整が必要になってくる。ＡＩのシステムを構築していくことは勿論のこと、ＡＩを使いこなしていく人材が必要とされるのである。

ディープラーニングは数学の知見、微分を駆使した技術ではあるが、反面において、デジタル技術によるソフトウェアを業務において使いこなしていく技能も今後必要とされるであろう。むしろこちらの方が重要になってくる。

そういう意味において、基本的なテクニカル技術を磨きながらデジタル技術も併せもちフリーランスとして活躍することは十分「有り」なのである。

▼55歳以降の探索

職を選ぶには四つの道が考えられる。同じ企業で継続して職に就くケース。この場合、前職と同じ職種で仕事ができるとは限らない。違う部署で仕事を行うケースも多いのではないだろうか。第二のケースは異なる企業に就業する方法である。そして第三の道は、経験を活かして起業する方法である。第四の道は新たな職種で起業する方法である。常識的に考えれば一、二、三、四と次第にリスクは高くなる。起業の形としては第三の方法が最も望ましい。経験を活かせるからだ。第四の道はいきなりではほとんど失敗する。これを成功させるには現役時代から副業で経験を積んでおくしかない。5年から10年の経験が必要になる。準備することはたくさんある。しかし自分の好きな職種を選べる良さはある。第三と第四の混合型もある。第二の経験度の高いものを主軸としながら、次第に第三の好きな職種にシフトしていく方法である。

▼独創の形成　Originality

独創の形成は一回では終わらない。基盤の整備と開発行為を繰り返し、バージョンアップを図っていくことが必要である。

優れたテーマであったとしても初期の段階で「試行」してみるという実験によって、新たな課題も発見できるし無駄を省くことができ、結果的に完成が早くなる。

昨今、働き方改革が問われている。

人間、時間効率を上げるには、最終的には「集中力」であろう。しかしこの集中力は、7時間途切れず持続できるものではない。本当に集中できるのは7時間のうち2〜3

時間ではないのか。

それに、手足を動かしていないからといって仕事をしていないとは言えない。ボケッとしているようでも、頭脳労働者は考え事をしているであろう。つまり考えることが仕事になっている。極端な話、特殊な頭脳労働者にとっては実質的な労働時間は一日30分位かもしれない。

してみると、仕事の成果は「創造性」×「集中時間」×「実質的業務価値」という概念で表されるのではないか。

集中というのは、実際問題、難しい。これは個人差があるし、全く静かな一人だけの環境が集中できるかといえばそうでもない。かといって騒がしすぎれば物音で仕事は集中できなくなる。

経験的には、そこそこの騒がしさがあって独立した場所が確保できる場所は意外と集中できる。例えば、喫茶店なんかは、いろんな人の雑音があるもののコーヒーを飲みながらの勉強などは進むものである。学生さんなんかはよく利用しているのは、意外とわがままが利かない環境が、かえって一つのことに集中できるためなのかもしれない。

効果的に仕事を進めるのは、やはり多人数の方がよい。仲間と相談しながらまとめることができるし、チームでの業務をまとめ上げることで早く進む。横断的な連携が何といってもスムースに進むであろう。単独のリモートといってもこの効果は侮れない。
これらに反して独創的な発想は多人数のなかで出てくる場合と単独の場合とがある。対話・討論のなかでアイデアが突然出てくることがないではないが、散歩などの運動中とか、一人で寝ている時とか、仕事などから離れている時の方が、かえってよい。

仕事の成果は「なんで量ればよいのだろう」ということになる。

AIの時代が進んでくると、定型的な仕事に反した独創的な仕事内容が評価されるようになるであろう。仕事は量ではなく、その質が問われることになる。

㊷ 投資と金融

▼安全な投資はあるのだろうか

人生、何を行うにしても資金は必須である。そして安定的に確保しておく必要がある。日本の万葉文化は平安貴族から、14世紀以降のイタリアルネッサンスは富裕層の支援の存在があった。新たな文化興隆は財力によるところが大きかったのである。

資本主義とは根本的には資金を投ずること、「投資」ということであるが、では、なぜ資金を投ずる必要があったのか。それは16世紀オランダ、アムステルダムに遡る。ヴェネチアなどで発展した貿易は、胡椒などを求め次第に遠洋へ求めるようになる。それまで地中海など近海で取引しているあいだは、出港に際して単純な決済で済んでいたが、事業そのものが遠洋での長期になると「継続的」な取り決めが必要になってきた。

そこで1602年、オランダ、アムステルダムに世界で初めての株式会社が作られる。オランダ東インド会社である。このオランダ東インド会社は有限責任をとり、投資家は投資した以上の責任を負わないということにし、「事業継続」を図るようにした。この方式により会社は大きく事業を伸ばすことが可能となり貿易が加速していった。つまり、膨大な海外事業資金を一個人、単独で支援することはあまりにもリスクが大きかったが、多数の支援を受ければリスクを分散できると同時に大きな資金も調達できたのである。

これとともに発展していったのが「会計システム」であり複式簿記の形式が取られることになった。要するに「継続」を記帳していくシステムが複式簿記の根本にある。その後、この複式簿記システムはイギリスに渡り、そこで完成をみることになる。

すべて自己資本で事業を行っていくということは理想かもしれないが、力が分散し本来の事業も思うようにいかなくなるであろう。「資金面で応援するから事業に頑張って下さい」という考えが資本主義であるわけだが、大きくなって安定したら分け前（配当）をください、ということになる。しかし、そこには当然、失敗もあり、投資のリスクが存在する。そこで投資を更に分散しシステム化する意味で、たくさんの投資家を集めて、リスクを分散し、受益者に渡す「信託」という制度が考案されることになった。現在の資本主義経済はこの「信託」制度なくしてはありえない。

アメリカは19世紀当初より綿工業を主体に発展し、各州認可の州立銀行、合衆国銀行から多額の資金調達を行い経済活動を推進してきた。当時、貨幣（銀行券）は州立銀行で発行できたため、ともすると過剰な融資も行われ、幾多の経済恐慌も経験している。さらに遠隔地貿易の便利・安全のため支払い手段として銀行手形が多用され、その最終決裁がロンドン世界金融市場でなされるようになっていったのである。

現在、さまざまに金融商品が開発されたとはいえ、その基本は投資なくしては成り立たないのであり、資本主義とは本来的に、リスクを抑えながら発展していこうとする経済手法である。いかにリスクを抑え、経済成長に乗せていくかが金融の使命でもある。[23]

であるから完全に安全な投資などというのはありえない。

▼投資の仕方

現在、現金の価値が目減りしていく時代にある。

経済のデジタル化が進み、インターネット通販や情報化により実物商品以外の商品が増大し、非貨幣経済の規模が拡大している。このため景気誘導の必要性から、日銀による異次元緩和や債券金利はマイナス誘導になっている。この金融の流れは、債券だけでなく、現金にもマイナスの圧力がかかっていくであろう。マイナス金利になると現金を貯める人が増えてくるため世の中のお金が循環しなくなる。このためデジタル通貨を発行し現金の利子率をマイナスにし、マネーを循環する施策が出てくるかもしれない。貯蓄は貯蓄でよいが長く置くほど目減りしていく覚悟をもたなければならない宿命にある。

つまり、経済というのは、お金を滞留（貯蓄）させるのではなく循環させ生かすことが宿命づけられている。投資という働きにより資金を育てていく必要があるのだ。

総体的にみると資本主義は永い年月でみると成長の軌跡を実証的に示している。

ポートフォリオを作り、投資のリスクを管理することには二つの意味がある。それはリスクの分散化とリスクとリターンに関する最適化にある。分散化とはよく「一つのバスケットにすべての卵を入れるな」ということで、異なるリスクをもつ資産に資金を分散することである。ある意味、個々の株に投資するという考えもあるが、資本主義に投資するという大きな視点で考える方法もある。

▼売買益収入を目指す投資は邪道

株式などで短期売買を繰り返し売買収益を稼ごうという考えが如何に投資の本道に外れているかを理解していただけたと思う。投資は時間を短縮するほどリスクが高くなる。内外の経済の変動をまともに被ってしまうからである。特定の株ではなく、安全性の高い良質な投資信託などを、例えば月3万行えば年間で36万、25年経てば、1000万〜1500万に育っていく。第二の人生の有力な原資になる。投資を考えるのであれば1年〜2年ではなく10年〜20年という長期のスパンで考えた方がよい。日本の信託は「毎月分配型」が多いが、運用で発生した収益を投資家に対して払うというものである。しかし、これは再投資効果が発生せず、税金面、コスト面においても不利となる。

次頁にポートフォリオ理論を掲載する。

▼ポートフォリオ理論

「異なるリスク」とは、確率的変動をする価格が相関をもって変動せず、独立的であること。N個の資産価格の変動が独立的で、ほぼその変動性が等しい時、等金額比率ポートフォリオを作ると、ポートフォリオの収益率の変動性はN分の一になることが示される。よって、ポートフォリオに入れる異なる資産の数が増加するとリスクは小さくなる。

リスクは一般的にはボラティリティと呼び、この値が高ければ期待収益率から大きく外れる可能性が高く、標準偏差で示すことが多い。ボラティリティが大きいとは価格の変動性が大きいことを指す。

ボラティリティを表す式の中で相関係数といわれる数値があり、お互い相関関係が強いと大きな数値となる。相関関係が低いと曲線は、左に張り出した形となり、同じ期待収益率の値においてもリスクが小さくなるということである。異なった性質(相関関係が低い)の証券を混ぜることでリスクが低減される方向、リスク分散の効果が出てくる。[24]

ボラティリティ(Volatility)
価格の変動性のこと。リスクと捉えられる(225頁のコラム参照)

▼投資は『四次元』で行うとリスク分散ができる

よく投資は「ポートフォリオ」が大切といわれるが、単なる分散では意味を成さない。分散の本質はリスクを単に減らすことではなく、同じリスクで高いリターンを得ることが必要だからである。そのため私は、四次元での重層的な分散を行うことをお勧めする。もちろん分散で回避できないものもあるが、かなりのリスク回避にはなる。

一次元は、個別分散、これは線的分散になる。

二次元は、地域分散と異業種分散、つまり平面分散である。

三次元は、異種の資産分散、これは立体分散となる。

四次元は、時間分散であり。これによって四次元の分散となる。

一次元の個別分散は、株式を例にとれば、一つの銘柄ではなく、複数の銘柄を組み合わせ、リスクを低減しようとするものである。

基本的な投資は、ある特定の一企業への投資であるが、いくら期待できそうな企業であったとしても今後大きく伸びるのか定かではない。そこで、1社の投資ではなく、同じ業種で他の企業も並行して複数投資していこうという発想は当然出てくる。インデックス運用が低リスクといわれる所以である。ここでのポイントは成長企業に銘柄を絞って投資することであり、現在の価格よりも、将来性を判断することである。

経験的にも20社位でかなりリスクは分散ができるといわれている。

二次元の地域分散は日本、米国、アジア、欧州といった国、地域別の市場に分散を図る、つまり平面的な分散ということである。バランス型の投資信託の効果がこれに当たる。ここでは成長国に投資することも一つの方法になるであろう。

三次元の方式は、異種資産に分散を図る手法である。株式、債券、不動産投資信託、現物資産など異なる種類の資産に立体的に分散投資することをいう。景気が低迷期にあるとき、金などの現物投資に人気が集まるのはその例である。

また、業種を選別することも重要であろう。時期によって成長性が異なるからである。

更に四次元においては時間分散を行なう。安値で購入し高値で売却するというのは至難の業だ。このため、一時点の価格で売買するのではなく、何日か何ケ月かに時間を分散して購入する手法である。例えば定期的に同じ金額で同じ金融商品を買い付ければ、価格が安い時には購入数量が増え、価格が高い時には数量が減る。これにより平均購入額が抑えられ分散効果が発揮できることになる。ドル・コスト法と呼ばれるもので、投信についていえば積立投信といわれるものであるが、個人が最も取り組みやすい手法でもある。また、時間分散は、投資の効果にある「乗数効果」を図る意味もある。経営効果、経済効果には時間がかかる。例えばAmazonは発足当初、配当は出さなかった。配当のための原資はすべて内部投資に回して経営増強を図り成長していったのである。経済効果を生むには時間による熟成を図らなければならない。

投資・貯蓄の例

1. 株式・投資信託・債券、節税メリットのあるiDeCo、NISA
2. 現物投資　金・プラチナ
3. 不動産　居住用マンション・一戸建て　賃貸用不動産
4. 自動積立定期預金
5. 一般財形貯蓄・財形年金貯蓄・財形住宅貯蓄
6. 貯蓄性保険
7. 人的資本投資　教育費

基本は長期、分散、低コストに徹することであり、1～2種に偏ることなくさまざまなものを行った方がよい。コストの低い生活を心掛け貯蓄に回していくことも投資的な生き方であるともいえる。

▼将来の資金

60歳男性の平均余命は厚生労働省のデータでは約24年(84歳)となっているが生存の確率でみれば二人に一人は、これより長生きする。それ故、老後は90歳位までを想定した30年間を老後期間として考えておきたい。

現在、会社員の雇用は、60歳から65歳に移行しつつあり、更に70歳に延びていくであろう。令和3年4月から「改正高齢者雇用安定法」が施行され雇用が継続されている場合が多くなっている(定年ではなく雇用)。こうしてみると、所得額は除いたとして、雇用は、希望すれば一応65歳くらいまでは確保されているとみられる。しかしながら、所得額は、60歳で減額となり65歳位で更に減額となる場合が多いのである。一方、国の年金財政の逼迫から、65歳支給開始を、希望者対象に70歳支給開始者には支給額を大幅に増額する方向にある。

これらのことを考えると、60歳から70歳までの10年間位は老後の所得の谷となる公算が強い。このため、この期間の対策は早めに考えておいたほうが賢明である。

老後費用は平均、一所帯、月26万円位といわれている。

▼将来資金の額

例えば、老後資金が全くなくゼロだったとする。そして、定年65歳以降、95歳まで生き永らえたとする。毎月の消費支出25万円と仮定すれば、30年間で9000万円にも達するのである。

この平均消費25万円には、住宅費は入ってないのであるから、住居ももたない人は更に厳しいことになる。

年金は減額されたとしても、長生きするほど元は返ってくる。ここで重要なことは、自己の「長生きリスク」があることを認識しておくことが重要である。厚生年金月々3万5千円を43年間収めたとしよう。納入合計は1800万円となる。片や、65歳から95歳まで30年間、月々17万円支給されたとするならば、合計6100万円にもなる。これが70歳から受給になったとしても、5100万円である。3倍の収支になって返ってくる。年金制度は、減額はあったとしても制度としては絶対維持されていくであろう。

最近の政府による財政検証によれば、75歳まで働いて受給開始を遅らせると、所得代替率は100%前後まで大きく上昇するという(2019年度は61・7%)。政府が受給を遅らせる推奨の理由はここにあるのだが、状況が許せば、それに越したことはないのだろうが果たしてそれが賢明なのかどうかは個人の判断による。

例えば、70歳で完全に仕事を辞めたとする。住宅費の心配がないとして、月々5万円程生活費の不足が考えられる場合、95歳までに1500万円必要になる。住宅のリフォーム、予備費などを含めたら、2500万円ほど必要になってくる。

つまり、これくらいの貯蓄が貯まるまでは仕事を継続するか支出レベルを下げる必要がある。

昔から言われているように「稼ぐに追いつく貧乏無し」である。

要は、無理なく、できるだけ楽しく続けられる仕事をもつことだ。社会に貢献しながら、社会と接点をもっていくことは老後においても重要なことといえるであろう。

▼人的投資

投資は株とか債券などの金融資産だけではなく、将来に価値を生む、さまざまなものがある。むしろその他の投資のほうが重要かもしれない。重要なものとしては「教育投資」がその最たるものであろう。現時点においては負担そのものかもしれないが、将来大きく返ってくる。

- 経済学において「乗数効果」が投資の尺度としてある。投資は国民所得を増やしていく効果があるが、投資には所得に増幅的な効果をもたらす。「投資の増加分を何倍すれば、結果として国民所得の増加分が得られるか」というその倍数を乗数としている。つまり投資とは一時的な所得の増加だけではなく、二次的、三次的に積算されていく性質があるが、この波及効果が強いものほど乗数の値が大きくなる。

- 個人に置き換えても例えば、教育投資は、幼少期にしっかりした基礎を施していけば、その効果は大きいものとして返ってくる。幼少期の投資は中学生、高校生時代に効果が波及し、結果が表れていく。つまり増幅効果があるといえる。
- 同じように、自身への知識投資も重要である。大学での学びとか、基礎的な学問である、経済学、経営学、語学、工学など、さまざまな場面で増幅的な効果をもたらしてくれる。確かに費用を抑えて貯蓄に励むことは大切ではあるが、費用になったとしても、その効用を考えることも重要である。
- 趣味に限らず、自分独自の分野で第一人者を目指して経験知を積むことも一つの

ポートフォリオのボラティリティ（リスク）

ポートフォリオの分散の結果と数式を示すと次のようになる。

ポートフォリオの分散（リスク）は、

$$\sigma 2(Rp) = Xa^2 \sigma a^2 + Xb^2 \sigma_b^2 + 2XaXb\,\sigma(Ra,Rb)\,\sigma(Ra)\,\sigma(Rb)$$

として表される。

Xa	：リスク資産への投資比率	Xb	：無リスク資産への投資比率
σ_a	：リスク資産の分散（リスク）	σ_b	：無リスク資産の分散（リスク）
$\sigma(Ra)$	：リスク資産の標準偏差	$\sigma(Rb)$	：無リスク資産の標準偏差

最後の項の $\sigma(Ra,Rb)$ は、証券1と証券2の相関係数といわれる数値であり、お互いの相関関係が強いと大きな数値となる。また、$\sigma(Ra)$, $\sigma(Rb)$ は標準偏差つまり変動率はリスクを取るほど大きくなる（トレードオフの関係にある）。

つまりこの項の数値を下げるに相関性の低い投資先に分散し、リスクを抑えつつリターンを高めることが必要となる。相関関係が低いと曲線は、左に張り出した形となる。ということは、同じ期待収益率の値においてもリスク（ボラティリティ）値が小さくなるということであり、異なった性質（相関関係が低い）の証券を混ぜることでリスクが低減される方向、リスク分散の効果が出てくる。

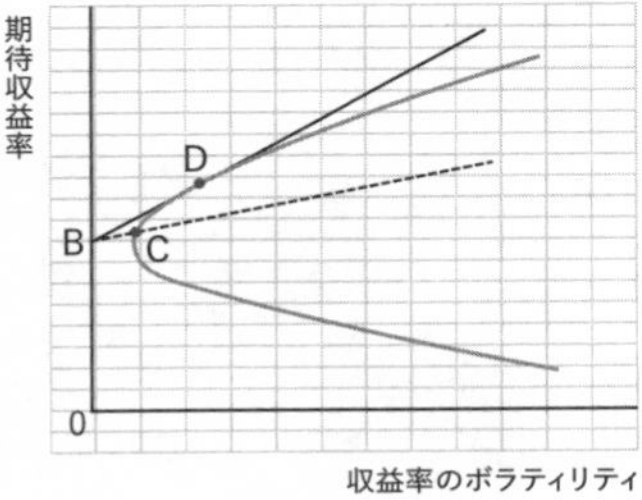

佐野三郎「証券アナリストのためのファイナンス理論入門」を参考に著者作成

投資である。十年積み重ねたら、かなりの専門家になれるであろう。

㊸職業のキャリアアップ

▼道は一つか――副業への考え方

「この道を一筋に」はかっこよい響きをもつ。あれこれ横道をいかないでひたすら一つの道を究めることは大切なことではある。プロの域に達するにはそれ相応の年月がかかるからである。

日本においても一つの美徳とされてきたのではないであろうか。しかし残念なことに、この美徳に危険信号がついてきた。終身雇用、雇用形態の変化が到来し、この美徳を維持する寛容さがなくなってきているのだ。というより、一つの道、技術が社会的にみて陳腐化が激しくなってきているのである。それと共に一つの部署、企業に長期にいることは経験度において不利な立場になる。その企業が先端的、優れ

た技術を保有しているとは限らないからである。これらのことは個人の立場において最も悩むところでもある。

デジタル革命、ＡＩ（人工知能）による経営革新が進みつつあり、いい意味においては、長い経験を度外視してビジネスを早期に起業するという動きも生まれてはいる。

特に人工知能は、経験値やデータを大量に処理し、誤差の少ない予測を提示してくれる。従来、人間が行ってきた経験、知識の活用を肩代わりしようとしている特徴がある。これらの動きは、事務処理をこなしている人々にとっては今後、脅威となってくる。定型的な作業のみならず、中途半端な事務作業の多くは、ＡＩに置き換わるであろうといわれている。

ここで重要なことは、ＡＩがすべてではなく、ＡＩの機能を活用して生産性をあげる、われわれ人間自体の見識・能力が問われているということにある。

つまり、旧態依然のスキルに依存しているのみで活用度の低いスキルであれば、発展性はなくなるであろう。「この道一筋」の方針を貫きながらも、従来のスキルを補強して強固な自身を再構築する必要があるのだ。

日本には百姓という言葉がある。百姓とは、農民というイメージが強いが本来の語源はそうではなく、百の姓、つまり「たくさんの苗字の人々」という意味合いからきている。江戸時代以前は、農業を中心にはしていたが、一人の人がさまざまな仕事をこなしていた。「町で必要とされる仕事を数々こなしていた大勢の人々」という意味であり、多くは兼業を営んでいたのである。

江戸時代の古文書を紹介してみたい。下野国《しもつけのくに》芳賀郡《はがぐん》西高橋村の農事日誌に次のような文章が残っている。

「名主菅谷家の弘化四年、当主夫妻と息子夫婦が母屋に、隠居夫婦が同じ敷地内の長屋に住み、数名の男女奉公人を抱え、ときには日雇を雇い、水田四町歩・畑一町歩ほどの手作経営を行っていた。畑では冬作物の大麦・小麦・菜種、夏作物の木綿・大豆・荊豆・小豆・稗・粟・荏・煙草・芋・唐辛子・茄子・藍・大根・秋作物の蕎麦など多種の作物を栽培していた。家族は冬場は麦作業の合間に男衆を中心に木の葉浚い・もや切り・薪伐りなどの山仕事に精を出した。二月には村仕事の用水堀浚いを皮切りに水田稲作の作業が日々続く。裏作麦の収穫と畑作作業を同時に行う田植え期と、稲の収穫・脱穀調整と麦の播種が重なる秋は、年間最大の労働ピークとなる。一年のうち四月・十月・十二月には当主と惣領息子が宇都宮へ米売りに出かけている。屋外の農作業の合間は、家族も奉公人も家内仕事に励んでいる。男衆は、縄ない・蓑作り・俵編み・草履作りなどの藁仕事、糸枠細工・駕籠作り・ざる作り・桶のたが掛け・釣瓶の立木拵え・鎌研ぎなど道具類の細工・修理・屋根普請・堀普請などの土木仕事や諸施設の掃除をしている。女衆は、綿選り・綿切・糸引き・機織りに時間を費やしている。このように百姓は食料農産物・工芸作物を栽培し、加工生産に従事し、山仕事・川仕事をこなし、大工や土木工事もでき、自ら販売活動・商売まで行った。地主に限らず小百姓に至るまで、百姓の生業は相当に幅広く複合的なものであり、地域特性に応じた諸稼ぎを組み込みつつ、多種の売り物を生み出していたのである。」[25]

このような実態をみると、百姓とは、本来は農業者でありながら、手工業者であり、大工でもあり、商人でもあったのである。また女性もしっかり社会進出していた時代なのである。専業主婦などという現代人とは、まるで違った生き方をしていたとみるべきであろう。そのためかなり裕福であったといわれている。

日本における産業革命は明治期にあるというのが一般的ではあるが、日本的な産業革命はむしろ近世、江戸期にあったというのが私の見解である。百姓たちが携わっていた綿産業は、百姓が姿を変えた商人によって、日本全土に広まっていった。その結果、栃木、群馬など、西は播磨などの地方において西陣などの絹織物と技術融合し、各地において高度な織物産業として発展したのである。

すなわち当時の百姓は、単なる農業者を脱皮し、イノベーターとして織物業を再構築していくという役割を果たしていたのである。そこには、百姓としての生活を賭けたさまざまな試行錯誤と苦闘があったのであろう。単なる農業者としての枠を越えて、能力の拡大、用途の拡大、そして作った木綿の販路、地域の拡大と、自身のスキルの拡大との闘いが存在していたといえる。

しかし、明治期、欧米からの産業革命が進展し、人々の分業化が進み、仕事も専門化していったため、百姓は農業という職業に専門化していったのである。

農家が複業的であったとはいっても、現代の職業スタイルとは全く違う。どちらかというと季節調整、時間的調整の複業であったことに注意が必要である。現在、「副業」という職業スタイルが、注目されてきているが現代は本業、複業ともに、ほとんど時間調整は利かない。自由度は限られている。

ではどうすればよいのであろうか。

もちろん、時間調整が利く職であるならば複業は検討すべき職業スタイルであろう。そうでないならば、私は「複技能」、「複能力」を目指すべきだと思う。

その理由は、現業でのスキル構築によりキャリアの拡大、収入増が見込まれるからだ。

女子の機織り、木綿をもって立ち話をしている人、玄関では買付けにきた在方商人が話しをしている『河内名所図会』は江戸時代に出版された資料であり、「高安の里」は八尾市山麓部の地域にあたる。

出典 :「河内名所図会 6巻 . [5]」(https://dl.ndl.go.jp/info:ndljp/pid/ 2563475) (2022年8月 22 日に利用)

第二は、再契約、再雇用時において、職種選択の幅が広がることである。方法は二つある。現業の企業内において、配置転換により異なるスキルを磨くこと。二つには転職により新たな職種または異なったスキルを磨くことである。

▼副業の背景

副業が盛んに喧伝されている。この背景にあるものは何か。企業、経営団体のみならず、昨今は政府までもが、労働時間の扱いに対して意見を述べている。それだけ普及がすすんできたのであろう。名前が示す通り、正規の職業に並行して他の職を認めるというのであるが、事はそれほど単純ではないであろう。現に認めていない企業も当然ながらある。定年制つまり終身雇用に対し、企業はインセンティブがないとかを理由にためらいの言葉を発するようになってきた。労働人口減少とあいまって年金財政の枯渇の対応のため政府は雇用の延長を唱えるようになってきている。企業にとっては人材の若返りにも反し、高齢化によって人件費は費用対効果が認められない方向である。インセンティブが効かないと発言が出るのはもっともなことなのであろう。これと相まって企業経営者は情報収集の限界を感じ、経営努力を差し置いて新規開発の作業を社員の個人リスクに委ねるようなったのではないか。副業で儲かれば人件費の節減にも貢献する。失敗しても個人の責任である。

▼副業の利点と活用

かなり副業は広まってきた。これからは個性の時代である。高校生でも事業をしている時代である。

「スキル」というのは通常業務だけでは新たなものは磨けない。通常の業務では実力の幅は身に付かないのである。じつは失敗を通して色々のことが分かってくる。副業は、許せる範囲において失敗をたくさん経験していくことができる「経験学習」ともいえる。

副業を通してスキルアップをしていくことも可能である。まず、ホームページを作らなければならない。レンタルサーバーを借りて、アプリを導入し作っていく。簡易フォーマットを提供してプラットフォームを形成している業者もいる。こういった分野でとりあえず経験を積むこともよいのではないだろうか。ＳＥＯ対策などはあるが、順次レベルアップしていけばよい。

内容を度外視すれば、副業はその業務を実際に試すことができる。これは何にもまして利点である。すべてにおいて、その仕事が自分の性格、能力に合っているかどうかはなかなか分からないものである。それは各々事情というものが介在しているからであるが副業ということになれば、これらの事情を度外視して試してみることはできる。

▼副業の注意点

しかしながら、自分が希望する副業にはなかなかあり付けないものである。まず、実績がないので、自分自身踏み込めないし、相手先にも説得性がまるでない。

運よく何かにありつけたとしても大切なことは、のめり込まないことである。ともすると本業を投げ出して、あれもこれもと広げすぎることは費用の点でもリスクが高い。気が付いたときは高額の投資をしてしまったということにならないよう注意が必要である。

副業は体験するというよりは、まず「体感する」という程度に抑えておくくらいでよい。自分にあっている職業であるかどうかは、感覚的にすぐ分かる。思ってもみなかったこと、予想に反したことが必ずあるものである。長く続けられない欠点があれば即、躊躇することなくやめてしまえばよい。しかし、費用的に投資したものがあると、この点において判断に曇りが生じてしまう。そういうことを考えると、さまざまな点で内容が明らかになるまでは費用をかけないことが重要である。

私は企業内複業を推奨する。企業内でさまざまな職業を経験するのである。個人のスキルも拡大するし、企業自身も事業の多角化を行える。その中から意外な新規事業が育つかもしれない。

㊹サービスと対人対応

サービス、対人折衝はいうまでもなく極めて重要である。

単なる「モノ」供給モデルから、顧客価値を最大的に増大する「ソリューション」モデルへの転換が求められている。それは単なる製品の性能向上だけでは、顧客に対して一面的にしか満足を与えられないからである。

サービスは二面的に見えるかもしれないが、単に機能を複合化するだけではサービスには至らない。顧客が求めている課題を知っていること、どのような価値が有益なのかを知っていること、こちら側のもっている技術が課題に答えられるかを知っていることなど、多方面の知見を融合できて初めて達成できる技能であるからである。単なる平面的な寄せ集めの技能ではないといえるであろう。サービス化というのは非常に困難な作業なのである。

この動向は大手家電メーカーにおいて大きく進展してきている。ソニーは、もともとエンターテイメント指向が強く、顧客価値指向が強かったのであるが、パナソニックや日立製作所においても、昨今その指向が強まってきた。情報企業を買収し、インフラ事業の効率化、故障対応などの付加価値サービスを強化したり、ＤＸ向けのシステムを開発するなどのサービス化事業を進めている。

▼隠れた能力を引き出す

能力開発の大切さは判るにしても簡単ではない。

一人の人の根底を理解することは至難であるし、ほぼ不可能だ。謙虚な人ほど自分自身をさらけ出さないし、日本人はそれが美徳といわれているからである。これではますます理解は不可能である。

ではどうしたらよいのであろうか。

ひとつの方法は、その人に対し「課題」を提示することである。

「いまこれが問題になっているのだけれど、一緒に考えてくれないか」とか、「こういった商品を開発したいんですが考えてくれないか」などである。

また、課題を広く募集する方法もある。「業務上の問題点・課題をあげ、改善方法を提案」してもらうことは、古い手法ではあるが有益なことが多い。要は、具体的な行動が大切なのであり、もちろん試行錯誤がともなう。採用できなかったとしても、その労を称えることが重要である。

個人の知見・経験は暗黙知として個人の中に眠っているのであり、この貴重な財産を如何に引き出すかはリーダーの力量に掛かっている。

工芸、園芸、ゲーム、文芸、音楽、読書等々、さまざまな趣味や、ネット情報、新聞雑誌情報、学識情報などの知見、更には、その人の過去の経験、スキルなど、一人の人の中には膨大な知識、スキルが隠されているといってよい。しかしながら、表面的には、たった一つの単純ともいえる仕事の中に隠され、表面に出ることはほとんどない。考えてみればこれほどもったいないことはない。コロナ禍などで業績が傾くと簡単に人員整理に赴くが、普段の業務・能力開発を如何に怠っているかにその実態が見えてくる。

㊺活力は食でとる

▼元気が出ないとき

我が家は、週に一回カレーライスを食べることにしている。もちろん家内が調理してくれるのだが、娘もたまに作ってくれる。ことカレーに関しては娘が作ったものがずっと美味しいのである。原因がよく分からなかったのであるが、詳しく問いただしてみると、あることが分かった。カレーは野菜やトマトなどを豊富に入れるのであるが、途中でバターをひとさじ入れるということであった。一番最初に油肉に富んだ肉で下ごしらえをすれば油分が入って問題ないが、これが少ないと味にコクが出ないのであろう。バターでコクが出たのである。カレーのターメリックの主成分であるクルクミンは、がんや心臓病、糖尿病などの予防に効果的であるものの吸収されにくいが、油分と一緒に摂取すると吸収されやすくなる。

よく言われるところに、カツカレーが美味しいというのは、栄養のバランスが整う

からだと思われる。

要するに、人は自然のうちに「美味しさ」をとおして栄養のバランスを感じているのかもしれない。つまり、カツが入ることによって、蛋白質、脂肪、野菜、炭水化物がすべて入ることになる。

「食が独創力と関係あるのか」という疑問があるかもしれない。

食は健康維持と病気防止に極めて重要なのだ。例えば、体調不良や病気になったらポジティブな意欲的な生活を送れるであろうか。独創的な意欲は縮小するであろう。食は創造の基盤の基盤なのである。

栄養はバランスが大事であるとよく言われる。なぜであろうか、それは、人間、食事でとる量は限られるにもかかわらず、肉体の形成、生命の維持において食は欠かせないものであり、更に、食は相互の栄養効果によって吸収効率が影響されるという要因もある。例えば、よく知られていることに、カルシウムがたくさんあったとしても、ビタミンDの存在がなければ骨の形成が影響される。

栄養はかなり複合効果による影響が強いのである。しかし、だからといって、いちいち計算して食材を取っていたら大変な作業になってしまう。そこで、目標的に一言でいうと「バランスよく」という言葉になってしまうのだ。それにしても今一つ、具体性が必要であろう。つまり、蛋白質、炭水化物、脂質、ビタミン類、アミノ酸、ミネラルなど満遍なく摂取する必要があるのだ。

その意味において、毎日とっている食事は果たして栄養的に偏っていないか、簡潔に自分でチェックしておくことも大切であろう。

▼腸の重要性

臓器のなかで目立たない存在でありながら重要なのが腸である。それは腸が最大の「免疫」を担っている臓器であるところからきている。腸内にはリンパ球のB細胞やT細胞が広く存在しており、免疫機構を果たすバイエル板というリンパ組織は、小腸絨毛の間に存在している腸管独特の免疫組織である。病原菌などをとらえたB細胞は、病原菌をマクロファージに引き渡し、T細胞に抗原を提供している。刺激されたヘルパーT細胞がB細胞を活性化し、ＩｇＡ抗体を産出させ、この抗体によって細菌の付着が阻害されるのである。

骨髄で作られて細胞を通過したT細胞はバイエル板に運ばれると活性化する。

がん細胞はもともと体内で発生したものなので、免疫細胞はがん細胞に対してはそれほど強くはない。しかし、バイエル板で育ったT細胞は活性化され、がん細胞を攻撃する力が強くなっている。
腸内には多くの細菌が棲息し、この腸内細菌類のことを腸内フローラというが、この腸内フローラは新たに侵入してきた菌に対してフローラ間の連携によって免疫系が活性化し攻撃を行っている。この腸内細菌集合体は成人で500種類以上、100兆個、重さにすると1～2キログラムあるといわれ、さらに最近の分子生物学の研究では、1800属・4万種類くらい存在しているといわれている。[26]

更に、人間の腸には大脳に匹敵するほどの神経細胞が存在しているとされている。驚くことには、脳は食べ物が安全かどうかは味覚などによって判断できないが、腸ではそれが感知できるということである。毒素など安全な食べ物でないとなると吐き出したり、下痢を引き起こすというのはその表れであろう。確かに、脳では判断できてはいない。

脳は脳出血などにより脳死しても最終的な人間という生命体は終わりにはならない。しかし腸が完全に死んでしまうと脳の働きも結果的には停止してしまうということからして、生命の根幹を司っているといえる。

腸は消化の目的だけではなく、人間の「幸せ感」や感情の働きを携わるセロトニンとかドーパミンを合成していることを考えると、人間生命の基盤を担っている重要な臓器ということになるのだ。

では、この腸内環境をよくするには如何にしたらよいのであろうか。その一つの方法が、乳酸菌やビフィズス菌などの細菌類を増やすことと、これらの善玉菌の餌となるオリゴ糖などを取り入れ、腸内環境をよくしてあげることが大切になる。納豆を食べて納豆菌を増殖させるのもよいとされている。

尚、豆腐、納豆などはグルシド型であまり人体への吸収はよくないが味噌・醬油は熟成によりアグリコン型に変性しており吸収がかなりよい。

▼蛋白質

タンパク質は筋肉や皮膚、内臓や免疫機能にかかわる素となり、人体にとっても重要な栄養素である。肉類や魚類、大豆製品に多く含まれている。そのなかでもアミノ酸であるロイシンとアルギニンを多く含んだ食品を食べることで効果的に筋肉を生成することができるといわれている。

タンパク質は働きの違う20種類のアミノ酸でできているが、効率よく筋肉を作る意味においてはロイシンとアルギニンを多く含む食品を食べるのがよいとされている。

▼納豆などの大豆製品

納豆のもとになる大豆は、天然の植物性タンパク質であり、ポリフェノールの一種である大豆イソフラボンを含んでいる。血液を流動化させるサポニン、脳、細胞を若く保つレシチンも多く含む。また、ビタミンB群のみでなく、ビタミンEも豊富に含む。

納豆のみでなく、豆腐、味噌、油揚げも同様である。

▼卵

「完全栄養食品」とも言われる卵は、栄養価が高く、ビタミンCと食物繊維以外の栄養素がすべて入っているといわれる。卵には、良質なタンパク質が豊富に含まれており、このタンパク質は、私たちの筋肉や皮膚などを作り出す元となり、基礎代謝の向上や美容のためには欠かせない栄養素である。ビタミン、質のよいタンパク質、カルシウム、鉄、カリウム、亜鉛、マンガン、葉酸、そしてルテインなどの抗酸化物質を含むスーパーフードである。

卵黄に含まれるレシチンの代表的な働きとして、乳化作用がある。血液中の水溶性の物質と脂溶性の物質を溶け合わせて、細胞内に栄養素を取り込む働きもある。脂肪がエネルギーに変わったり、細胞に蓄えられたりする時、タンパク質と結合する際にレシチンが不可欠である。そのため、レシチンが不足すると、疲労感、悪玉コレステロール増加、動脈硬化、糖尿病、イライラなどの問題が起こりやすくなると考えられている。

更に、レシチンには脂溶性ビタミンであるビタミンEの吸収を促す作用があり、ビタミンEはレシチンの酸化を防ぐ働きがある。一緒に摂取すると、血管や細胞のアンチエイジングになる。普通人は一日、1個でも十分だといわれている。

▼野菜はなぜ大切か

野菜はカロリーは低いものの、食物繊維・鉄分・カルシウム・葉酸・マグネシウム・ビタミン類が豊富に含まれる。また、野菜の鉄分とビタミンCは一緒に摂ることで相乗効果が得られる。

野菜はさまざまな重要性をもっているが、腫瘍壊死因子（TNF）を算出する食品が多いことが挙げられる。腫瘍壊死因子はマクロファージが分泌する物質でがん細胞を殺す作用をもつ。この効果は抗がん剤のインターフェロンにも劣らないともいわれている。野菜ではキャベツやナス、ダイコンなどに多く、果実ではバナナ、スイカ、パイナップルなどに多く、更に、海藻ではノリ、ヒジキ、ワカメにおいても多く認められている。

野菜・果物は、赤色や黄色のものが多いが、これは、紫外線による活性酸素発生を抗酸化物であるカロチンやビタミンCの生産によって防御している植物の働きを示している。食物は防御する衣服がないので自ら防衛のための生産を行ってきたのであろう。活性酸素は病気・老化の大きな原因であり、食物の摂取により恩恵を受けることができる。

アボカドも栄養価が高い。アボカドに含まれる脂肪はオリーブオイルと同じオレイン酸を含む。炎症や慢性疾患の軽減に役立ち、心臓病、糖尿病、メタボリックシンドロームのリスクを低下させる可能性をもち、血圧を抑えるカリウムの含有量も高い。

▼炭水化物

炭水化物は分解されると、即座に体の燃料源になる利点がある。精白小麦粉や砂糖類ではなく、アレルギーがなければ穀物や食物繊維が豊富な炭水化物が望ましい。

例えば、サツマイモはエネルギーが高く、複合炭水化物が多く含まれる。また、食物繊維が豊富なため、エネルギーを緩急的に供給してくれる。

▼医療

医療の発展は、いうまでもなく素晴らしいものがある。とても紙面が限られるので詳細は割愛するが、一部を紹介する。

抗がん剤は、がんの増殖を抑えるが、使い続けると耐性をもったがん細胞が現れる。そこで、数学の「数理モデル」を使って、がん細胞の増殖スピードに対して効果的な投与量、耐性をもつまでの時間の算出を数理モデルで計算する手法を開発している。これによって、がん患者が長期にわたって同じ抗がん剤を使い続けることが可能となっている。これは、東京大学生産技術研究所、合原一幸教授の研究成果である。

また、インフルエンザの広がりを予測するモデルやＨＩＶが人間の体で増殖するメカニズムの解明の研究もある。このように医療関係者が蓄積した膨大なビッグデータを活用し数学的な予測、解析ができれば、医療の更なる発展に寄与することになる。これは医療と数学の複合技術ともいえる。

㊻ 実学を活用する

▼会計や法律知識はどのように生かせばよいのか

複式簿記などという面倒なシステムがなぜ必要になったのだろう。回りくどいと思われるが、会計はその発生の起源を知っておくと理解ができやすい。

会計制度は、単なる「金勘定」という考えから、資本主義の発展、株式会社制度の発達に関連して制度充実を図ってきた。それは当《まさ》に、経済活動の要請に併せて発展してきており、経済活動の便宜、つまり経済の歴史を含んだものといえる。

当初、会計は封建社会の封主と封臣とのあいだの封土授受関係に起因している。封建社会においては、財産管理に関する委託、受託関係が存在し、受託者たる下位者は、受託行為の顛末を記録し、その結果を委託者たる上位者に対して説明しなければならなかった。といわれており、委ねられた役員は領主に代わって、経営の状況を遺漏なく行ったという証明の必要性、つまり「計算義務」が生じたといわれる。

複式簿記の必然性はどこにあったのであろうか。財産に変動がないならば、会計処理も簡単に済むのであろうが、経済活動は取引を伴い、財産の在り高、そして増減を伴う。この経緯を帳簿に記載するならば「資本とともに利益」に関する記録となってくる。

世の中、すべての取引において、利益そして損失が介在することがないならば、その帳簿も至極単純なものとなるのであろうが、実際はそうはならない。利益は取るであろうし、損失が発生することもあるであろう。

となれば、帳簿処理は、論理的に少し複雑になってくる。

なお、複式簿記は取引を二面的に把握し記録するが、これは取引には二つの面があることに起因している。

例えば、物品を仕入れた場合、商品が増加したという面と、買掛金という「掛け金」が増加したという二つの面がある。会計はこの取引の二面を左側と右側に分けてとらえ、左側を借方と呼び、右側を貸方と呼んで記録する。

さて、ここで一つの問題が存在する。財産の増減を判断しようとするにしても、事業の収支、収益の成果はどのように認識すればよいのであろうか。口別計算方式の算定であれば、個々の事業ごとに収支が完結するので明解である。14、15世紀のヴェネチア当時の商業簿記は口別計算方式であったとされる。

取引を受注して完結するまでの間の収支は、個々に精査される必要がある。例え、それが数年に亘ったとしても、個々の取引における損益の多寡が問われる。一件、数百円であろうと、数億の取引であろうと口別計算の方式が行われるのが基本である。

この問いは、取引に二面性をもつ複式簿記方式であったとしても同様の問題が存在する。

しかしながら、現代の経済社会にあっては、膨大な取引を管理する管理会計上、最終的には企業の全体の収支、損益は果たしてどのように推移しているのかいうことが当然に問われる。「個々には儲かっているのかなー」と、感覚的に判断したとしても、全体として、公私ともに証明する手だてがない。これを証明する必要がある。

そこで、企業全体の収支の増減、状況は、どのような方式でもって判断し、示していけばよいのであろうか。

これには「財産」の判断と「損益」の判断の両面から提示する必要がある。

全体の収支の増減は、ある時期から、ある時期までの変化、つまり、期間を区切った一定期間の資産の変化を見ることが最も簡潔な方法であることがすぐに判断できる。これが貸借対照表になる。

一方、企業会計原則においては「損益計算書は、企業経営成績を明らかにするため、一会計期間に属するすべての収益とこれに対応するすべての費用とを記載し、当期の純利益を表示しなければならない」としており、損益計算の根拠になっている。以上が簿記の原理であり、これらの原理が分かっておれば、個々の詳細に対応していくことができるのである。

つまり、複式簿記といっても難しいことではない。原理は簡単なのである。

▼会計知識の必要性

ゆくゆく起業を行うかは別として、帳簿に慣れておくことは有益である。アルバイトで副収入がある状態になったら、個人企業として青色申告を行った方がよい。その状態から複式簿記に慣れておけば事業化になっても怖くはない。日々の作業は出金伝票と振替伝票の作成くらいである。あとは月1回の売上・入金処理と年度末の決算処理がある。この会計処理に慣れておくことは大切な事業スキルとなる。

会計は税務処理に通じており、さまざまな費用を経費化して節税することができる。ある規模になったら法人化を行うと利点が多くなる。法人という名の通り適切に企業経営を行えば組織的な働きを行ってくれる。

会計処理のスキルは生涯にわたって活かせる知識である。積極的に学んでおいた方がよい。

▼法律・行政活用

法律といえば憲法などが頭に浮かぶであろうが、実際の生活においては下位の法律、例えば、民法、刑事法とか行政法、司法などがむしろ重要になってくる。

企業経営にとっては会社法や商法が現実を規律している。

会社法の内容は、会社の組織と会社の法律関係に関することを定めた私法である。私法とは、社会的生活関係を規律する法律を指し、公法は憲法や行政法、国家と一般人との間の権利利益に関することを定めた法律の総称をいう。

会社法は会社の設立や登記に関する事項が記されている法律で、会社の経営者や上層部は会社運営上知っておくべき内容が多くある。会社法は民法の特別法に当たるため、民法よりも優先して会社法が適用される。

一方、商法は会社に限らず個人の商取引に関する法律であり、会社法と同様に、商法もまた私法である。会社法が会社に関する法律であるのと違い、商法は企業を含め、個人の商人や商号、商業行為といった商事に関する法律である。

会社法は商法の一部が削除され、会社法となった。会社法は、会社に関する内容と有限会社法、株式会社の監査などに関する商法特例法などを統合・再編して一つの法律にまとめられている。

会社法は商法の特別法に当たるため、会社に関することは基本的に特別法である会社法を適用し、会社法に規定がない場合は商法を適用し、商法にも規定されていないことは民法の定めに従うという優先順位になる。

商法と会社法は、どちらも商売に関することを定めた法律である。どちらも民法の特別法で、民法に優先されて適用される。それは、企業間での取引は継続的に行われることが多く、より商事をしやすくするための法律ともいえる。

商法と会社法の違いは、会社法は会社の設立から訴訟や株主総会、解散に至るまで詳細な内容が取り決められている一方、商法の場合は内容的に実務上はあまり用いることのない条文も多くある。

会社法は、専門家のみならず、起業する人や、株主の権利について必要な情報が定められており、主として株式会社の設立や組織など株式会社に関する内容である。会社が解散や倒産するときに適用される法律の条文も多く、従業員、株主であると限らず知っておくべき内容も多い。

「法人」と名前が付けられるように、企業には人と同じように権利、義務を付与されている。その意味において、起業をする人や、フリーランス、個人企業にしても、会社法を学んでおくことは重要なノウハウになる。

㊼安全

▼安全を確保するには

坂本竜馬は北辰一刀流の免許皆伝をもった男であった。しかし暗殺に遭遇している。急とはいえ、やはり事前のリスク対応に欠けていたのかもしれないし、もしかしたら、剣の達人という自負と油断があったのかもしれない。

▼「居住を盤石にする」ことは大切

生きていくための基盤で重要なものに「住空間」がある。昨今、住居をもつ方法は多様化し、賃貸、一戸建て、マンション、公団等、多くの選択肢が出てきている。人口減少も幸いして先々、低価格化が進むであろう。

多少のことはあっても最終的に住むところさえ確保しておけば、あとは何とかなるものである。もちろん仕事、スキルの向上、健康維持は最重要であるが、並行して生涯の住まいをしっかり検討しておくことは長期的な意味で重要となる。中世、鎌倉時代の武家社会においては、主君と家臣との関係は「安堵」という契約を取り交わすことによって成立が始まっていた。つまり、家臣にとっては生活の基盤ともいえる土地と地域確保の保障が何にもまして最重要であったのである。この保障があって、その家の家来達も領主に従っていったのである。

現代はもちろん封建時代ではないし、家制度そのものも大きく変化するにしても、住空間は家族の安堵という意味においては重要な意味がある。現実的には所得の関係で持ち家は安易ではないかもしれない。また、賃貸などが豊富にあり、別段、所有にこだわることはないのではという考え方もあるであろう。それに、若い時は自由度が大きい賃貸の方がベターという考え方もある。

一方において、大きな家は年齢とともに負担ともなる。掃除も大変になるし、光熱費もかかってくる。むしろ、できるだけ小さな家にして良質な家屋で長持ちさせた方がよいという考えもあるのである。子供のために個室という考えもあるが、できるだけ「見える化」を心掛けた方が健全に育つ。家具で仕切った位の空間がよく、多少ざわついていた方が勉強ははかどるものである。どうしてもという時に仕切ればよいだけの話であり、個室は避けたほうがよい。

人口減、超高齢化は確実に進展している。そして東京一極集中がピークになろうとしている。しかし、幸いなことに技術の進歩は著しく、新幹線、リニアなどの輸送システムなどのインフラ整備、地方を含めた都市再開発のプロジェクトが大きく進んでいくであろう。日本は大きく変わろうとしている。サテライト都市などを利用した働き方改革も進展していくであろうし、満員電車に苦しめられている状況がいつまでも続くとは限らない。窮屈な都会のなかで過酷な生活していくことが幸せなのかという問いが発せられるかもしれない。

ドイツの歴史学者シュペングラーは『西洋の没落』のなかで、自然から乖離した文明はいずれ衰退するという意味において、大地から栄養を吸い上げ活力を更新する働きが弱まり、自然への支配欲は逆に人間自体の生命力を低下させていくというのである。人間は、人類共通の基盤ともいえる生命の奥深くでお互い繋がっている実体でもある。どんなに孤立しても、社会には本来「守ってくれる」力があるが、日本は高齢化と、単独所帯化が進み、自他ともに、この守る力が喪失しつつある。人は現在はよくとも悪い時は想定しづらいものでもある。しかし、これからの時代、悪い時を想定して人生を設計しておかなければならない。

人生の安全保障といっても何もガードマンを付けたり専属の教師を付けようとするものではなく、自身で構築する非常に地味な作業である。

企業の組織活動には、株主や取引企業などとのステークホルダーという捉え方によって関係性をマネジメントしている。個人においても、このステークホルダーという視点が重要になってくる。従来は企業人として仕事だけに集中していれば事が済むという時代ではなくなっている。妻や子供への配慮は、最重要な事柄であるとともに、友人、知人への配慮、上司、部下への対応、取引先との繋がり、そして地域社会との友好など、どれをとっても自身を確立していく上において大切なものばかりである。

情報セキュリティ

▼ネット環境

パソコン等、情報機器はスマートフォンをはじめ生活になくてはならない存在になっている。それに伴いセキュリティ・インシデント、サイバー犯罪が多発するようになってきた。

▼ウイルス感染経路

○電子メールから感染

メールからの感染である標的型攻撃は、主に電子メールを

用いて企業や個人を狙うもので、メール受信者の仕事に関係した事柄をやり取りしている途中に、添付ファイルや、ウェブサイトのURLを記載しておくもの。添付ファイルの閲覧、URLをブラウザーで開くことによって、埋め込まれたマルウェアがダウンロードされてしまう。

〇USBメモリ等の外部記憶媒体から感染

USBメモリ等の外部記憶媒体に入れたウイルスを利用者が閲覧することによって感染するケース。

〇ネットワークからの感染

インターネットを介してウイルスに感染するもので、アプリケーションやプログラムの防御の弱点を狙ったものである。

キャッシュレス決済サービスに関した被害です。個人認証のシステム上の不備を突かれて、不正利用の被害に及んでいる。

▼パスワードは暗記することが有効

暗記するテクニックがある。例えば、頭の中だけで覚えておく部分としてZOSANとする。（核となる共通キーワード）

そして、サービスごとに異なる付加するパスワードを作成する

ZOSAN #55M（あるカード決済）

ZOSAN 44YC（ある決済手段）

ZOSAN 77GX（あるウェブサービス）

このように、核となる部分のほかに、自分にしか判らない意味のある字列を付加すれば、ほとんどは暗記できてしまう。

▼ウイルス対策

基本的な対策としては

・OSの脆弱性を解消する

・OSやアプリケーションの自動更新設定を有効にしておく

注意すべきは、最近のスマートフォンのアプリケーションは安全性に不備なものが多く、自動更新時にウイルスが侵入してくるケースが増えており、アプリケーションのセキュリティを確認の上、自動更新を行うことが賢明だ。つまり、OSやアプリケーション供給者の情報を定期的に参照し、更新を行い脆弱性を解消しておくことが大切である。

○出所不明なファイルやプログラムは開かない

知っている相手やウェブサイト以外からファイルやプログラムをダウンロードしない。

○不必要なファイルやプログラムはインストールしない

不明あるいは疑いのあるファイルの場合は、マクロ機能を 制限しておく。

○添付ファイルは危険なものと思うこと

実行形式ファイルやショートカットファイルは圧縮ファイルとして添付される場合が多く注意を要する。

ファイル交換ネットワークからダウンロードしたファイルはzip形式で圧縮されており解凍後にフォルダーができるためユーザーは安易に開こうとする。

この偽装への対応としては、すべての拡張子を表示させるように設定を変更しておくことが必要である。以前のWindowsですとコントロールパネルからの設定でしたが、新しいものは、既存の適当なフォルダーから「フォルダーオプション」→「表示」と開き「隠しファイル、隠しフォルダー、および隠しドライブを表示する」にチェックを入れれば済む。基本的には、怪しい作者不明のファイルは開かないことが肝要だ。

○HTMLメールは原則使わない

Windowsに付属しているOutlookやLive Mailはインストール時はHTMLメールに

設定されている。設定を変更し、テキスト形式として読み取るようにすること、また、送信も原則テキスト形式で行う方がよい。

HTML形式のメールは、字体、色調などの変更を行ったり画像を挿入ができるため、販売促進を目的としたメールで多用されている。

しかし、HTMLメールにはさまざまな操作が可能であるため、有害なウイルスを含むことが可能となり個人情報が盗まれたりする影響がある。

メール設定はテキスト形式にしておくことが大切だ。**メールの受信**においてテキスト形式にしておく方法は、Out Lookにおいては、「ファイル」から「オプション」に入り「トラストセンター」→「トラストセンターの設定」→「電子メールのセキュリティ」→「テキスト形式で表示」で「すべての標準メールをテキスト形式で表示する」にチェックを入れる。最後に「OK」をクリックする。

また、**メール作成時**における「テキスト形式」への設定はOut Lookの場合、

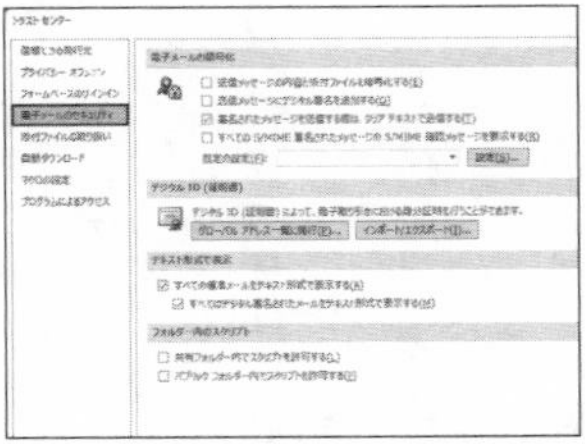

「ファイル」→「オプション」→「メール」と開き「メールの作成」で設定できる。

メールを受信したとき、上部に「このメッセージをテキスト形式に変換しました」と表示されていることで確認できる。もしHTML表記にしたいときは、その上でクリックすれば「HTMLとして表示」が出てきますので選定できる。

安全対策

▼無線Wi-Fiの危険性

企業などにおいて、情報機器のネットワーク環境を設定する場合、LANケーブルなどを配線する有線ネットワークではなく、無線ネットワークも多くなっている。コスト面や性能、整備上の必要性から使用するケースが多いが、安全性の問題として、盗聴などの問題がある。

無線による通信ということは、電波が届く範囲であれば、不特定の人がその通信に接続できる可能性がある。このため通信を暗号化することが安全上、有効である。

便利な無線方式なので、モバイル機器を外部のWi-Fiスポット経由で利用する場合が多くなっている。対策されてない街中のWi-Fiスポットを利用する場合は、重要な情報の送受信は控えるとともにスマートフォンなどにおいても同様のことがいえる。

○データの管理

ファイルのデータの消却は困難

通常、パソコンのハードディスク上の不要にファイルを削除する場合は、パソコンのOSに用意されたファイル削除機能を実施している。

しかしながら、この機能は見ため上でファイルを削除する機能で、物理的にはファイル内のデータはそのままの形で残っている場合がほとんどである。これは、削除機能の効率や見ため上の処理速度を高めたりするために、このような処理になっている。

○フラッシュメモリの対策

フラッシュメモリは不揮発性半導体メモリと呼ばれ、内部は無数のスイッチの塊である。このスイッチがON／OFFの状態で情報が記録される。つまり、内部の機構に電圧を与え、小さな素子に充電して記憶させる仕組みになっている。このため、長時間使用しないと、電池の自然放電のような状態になり、データが消えてしまうことがある。このような理由から、USBメモリやSDカードは時々通電しておいた方がよい。

重要な情報が記載された書類（CDなどに入れた電子書類）を廃棄処分する場合、最近では、CDやDVD、FD（フロッピーディスク）やMO（光磁気ディスク）、さらにはSD（メモリーカード）やUSBメモリまで直接細断できるメディア専用のシュレッダー（メディア・シュレッダー）も提供されている。

▼業務上の情報漏えい

業務関係先からの情報漏えい事故がある。大きな企業では、企業内の情報セキュリティ対策が強化され、直接的な情報漏えい事故は、減少しているものの、情報漏えい問題は減っていない状況だ。これは、業務委託先である企業などで発生する事故が増え、影響されているということなのである。

自社を守るだけでは情報流出は防げず、防御が手薄な取引先が狙われ、そこから情報流出が起きているのが実情だ。中小企業の2割以上がウイルス対策ソフトを利用していない状況であり、サプライチェーン全体で対策をとる必要性がある。また、取引先との間の秘密保持、守秘義務を契約書等に記載することも必要になってくる。特に、委託業務として扱う情報が個人情報や企業情報を含んでいた場合には、それらの情報が外部に漏れたりしないように、情報の重要性、秘密性を明確にし、その情報の管理方法まで明確に指示する必要がある。

㊽文化

文化という形にする

独創性を文化の形として残すことは最高に意義のあることだ。仕事を通じて趣味を通じて、また社会貢献を通じて文化をいう形にし後世に残していくことも可能になる。芸術性や美的価値をもつものを融合するだけでなく新たな価値を発掘し形式化を行っていくことになる。文化は根底的に創作性がないと成りたたず、独創性も必要になる。

例えば単なるバッグにしても芸術価値が認められれば文化的に通じてくる。「アニメ」にしても物語にプラスして美術価値もあるといえる。

人は社会的にも外観的な美しさを表現し、その中に人間的な思いを込める。

集団として学習、伝達されるものが、一つのセットとして統合性をもつ形態を文化といえるならば、文化とは「モデル化」された形態とみることができるであろう。

日本には古来から積み重ねてきた伝統文化が豊富にあることが強みになっている。そもそも日本語は漢字と和文の融合した言語である。そして仏教文化はインド仏教が中央アジアで展開し、漢王朝時代にかけ中国で研究され日本に渡り熟成した歴史をもっている。

江戸時代、捕鯨そしてペリー来航が契機となり明治維新とはなったが、プロシア的な政治体制を敷いたこともあり、制御不能となり敗戦となった。欧米式の三権分立体制が敷かれてまだ80年にもなっていないのである。

こうしたことを考えると、日本はさまざまな文化を取り入れ融合し形作ってきた歴史をもっている。西洋文明、東洋文明の結節点ともいえる国である。海洋国家として多数の国の信頼を得たとき日本の大きな発展が見えてくるのではないだろうか。

文化はその大きな力となり得るものである。

大切なことは個々人の独創を如何に文化として磨き上げるかにかかっており、先人の人達が「学習」を通じて文化を形成してきたように、これからも学習を主体に自己を高めていくことが重要ではないだろうか。

四次元的手法のまとめ

○生涯戦略は長期戦になる。基盤をしっかり構築した上で、さまざまな準備が時間的に可能となる。

○第二の人生は、どのような形で現れるかはわからない。企業内で転換を図る場合もあるし、新たな企業勤務を指向する場合もあるであろう。更には、自身で起業を図ることも考えられる。いずれであったとしても、ソフト・ハードの資産形成、能力開発を怠らないことが肝要である。

○副業はスキルの幅を広げる意味において有益な場合もあるが、本業を大切にし、過度なのめり込みは注意が必要である

○道は一つではなく無限に存在する。手法の検討や能力・スキルの開発など重層的な生き方で可能性を広げることが大切になる

あとがき

第二の人生と言わないまでも先々のことは不確定要素が多い。一つの仕事で人生終わることができれば幸せかもしれないが、そうとも言い切れない。さまざまな仕事を経験することも人生の醍醐味を味わえる。

給料の安定した大企業で仕事をすることが幸せとは限らない。むしろ一人ひとりの社員を大切にしてくれる社長のもとで働いたほうが能力も磨けるし、やりがいも発揮できるのではないだろうか。

私は、日本人の能力レベルは非常に高いと思っている。それも一部の人ではなく、総体的に高いのである。しかしながら世界のなかで競争力は低下し、後進国的なレベルに陥っている。なぜなのだろうかと考えてしまう。高品質な練度を求めすぎてしまう気質もあるかもしれないし、すべてにわたって規制が厳しすぎる点もあるであろう。更に若者の人口が減少し、活力が低下しているのかもしれない。課題があまりにも多すぎるのである。

こうした状況を打ち破るのは政治のリーダーシップが大きな要素を占めるのであろ

うが、なんとも心もとない。

　せっかく生を受けた人生である。思いっきり可能性を求め、精一杯生きたほうがよいように思う。そういった意味で、自分らしく独自性のある生き方と閉塞感を打ち破る意味において、「独創力」をテーマにして記述した。選択肢の幅が広がっている時代に入ってきたと思われるからでもある。

　社会全体においても、既存の価値観を打破していくべき時に来たと思っている。

　人生短いようで結構長い気もする。時間は十分ある。健康に気を付ければ、時間をかけ、それなりのものは築けるように思う。お互い「ライフワーク」の形成目指して頑張っていきたいと思う。

　最後に、出版に声をかけていただいた深澤京花さん、編集などにさまざまな労をとっていただいた金田優菜さんに厚く御礼申し上げたい。

参考資料

◉第1章
1　吉川洋『成長の源泉はどこに「新しいモノ・サービスが主導」』日本経済新聞　２０１９年４月１日
2　中野剛志『国力とは何か』講談社　２０１１年　１８８頁
3　中野剛志『国力とは何か』講談社　２０１１年　１８８頁
4　熊野純彦『西洋哲学史』岩波書店　２００６年　１２８頁

◉第2章
5　「ドクターＡＩは失敗しない」日本経済新聞　２０１９年　19・23・11頁
6　野口悠紀雄『データ資本主義』日本経済新聞出版社　２０１９年　１２０頁
7　Ｐ・Ｆドラッカー『イノベーターの条件』ダイヤモンド社　２０００年　２３０頁
8　リンダ・グラットン『ライフシフト』東洋経済新報社　２０１６年　１９７頁
9　岡本大輔他『深化する日本の経営』千倉書房　２０１２年　１７８頁
10　The Future of Skills: Employment in 2030 – University of Oxford
11　上田渉『脳が良くなる耳勉強法』ディスカヴァー・トゥエンティワン　２００９年　50頁

◉第3章
12　エリック・ブリニョルフソン『ザ・セカンド・マシン・エイジ』日経ＢＰ　２０１５年　１３９頁

13 エリック・ブリニョルフソン『ザ・セカンド・マシン・エイジ』日経BP 2015年 133頁
14 エリック・ブリニョルフソン『ザ・セカンド・マシン・エイジ』日経BP 2015年 132頁
15『技術が生む新しい美の形』日本経済新聞社 2022年1月23日10頁掲載

◉第4章

16 リンダ・グラットン『ライフ・シフト100年時代の人生戦略』東洋経済新報社 2016年 132頁
17 リンダ・グラットン『ライフ・シフト100年時代の人生戦略』東洋経済新報社 2016年 135頁
18 リンダ・グラットン『ライフ・シフト100年時代の人生戦略』東洋経済新報社 2016年 132頁
19 中谷巌『AI資本主義は人類を救えるか』NHK出版 2018年 11頁
20 谷田部卓『ディープラーニング』創元社 2018年 58頁
比戸将平他「データサイエンティスト養成読本」技術評論社 2015年 71頁参照（ニューロン値と誤差関数）
21 中谷巌『AI資本主義は人類を救えるか』NHK出版 2018年

◉第5章

22 石山恒貴「主体的に仕事の再創造を」日本経済新聞 2020年5月8日
23 入江節次郎『世界経済史の方法と展開』藤原書店 2002年 64頁
24 土方薫『文系人間のための金融工学の本』日本経済新聞社 2002年 134頁
25 木村茂光『日本農業史』吉川弘文堂 2010年 248頁
26 藤田紘一郎『免疫力をアップする科学』SBクリエイティブ 2018年 28頁

著者紹介

青池一男（あおいけ・かずお）

作家、キャリアコンサルタント

慶應義塾大学法学部卒業。大手化学会社の設計、開発部門を経て、ダイレックス株式会社設立　代表取締役。精密機器製造販売を行うとともに経営コンサルタントとして活動、各社の技術指導などに当たる。「安全保障研究」「経済史」を専門とする。著書に「日本のイノベーション」「独創力を磨け」などがある。

四次元思考《よじげんしこう》が開《ひら》く独創《どくそう》の定理《ていり》

2022年12月16日　第１刷発行

著　者　　青池一男
発行人　　久保田貴幸

発行元　　株式会社 幻冬舎メディアコンサルティング
〒151-0051　東京都渋谷区千駄ヶ谷4-9-7
電話　03-5411-6440（編集）

発売元　　株式会社 幻冬舎
〒151-0051　東京都渋谷区千駄ヶ谷4-9-7
電話　03-5411-6222（営業）

印刷・製本　シナジーコミュニケーションズ株式会社
装　丁　　弓田和則

検印廃止

ISBN 978-4-344-94335-3　C0095
幻冬舎メディアコンサルティングＨＰ
https://www.gentosha-mc.com/